Martin Bühlmann, Marcus B. Hausner

wertvoll!

Werte leben – Menschen stärken –
Welt verändern

SCM R.Brockhaus   **vineyard** e empowerment

SCM

Stiftung Christliche Medien

Gewidmet

... dir, lieber Leser, liebe Leserin, zur Ermutigung, Auferbau-
ung und zur Herausforderung. Gott hat einen guten Plan für
dein Leben.

– Martin Bühlmann

... meiner Frau Claudia, meiner mutigen und motivierenden
Weggefährtin. Danke für alle Inspiration, für alle Zuversicht
und für alle Klarheit, die du in mein Leben bringst.

– Marcus B. Hausner

Die Bibelzitate entstammen folgenden Übersetzungen:

Neues Leben. Die Bibel, © 2002 und 2006 SCM R.Brockhaus
im SCM-Verlag GmbH & Co. KG, Witten (NLB).

Einheitsübersetzung der Heiligen Schrift
© 1980 Katholische Bibelanstalt, Stuttgart (EÜ).

Hoffnung für alle® (Brunnen Verlag Basel und Gießen),
Copyright © 1983, 1996, 2002 by International Bible Society®.
Verwendet mit freundlicher Genehmigung des Verlags (HFA).

Lutherbibel, revidierter Text 1984, durchgesehene Ausgabe in neuer Recht-
schreibung, © 1999 Deutsche Bibelgesellschaft, Stuttgart (LUT).

Das Buch. Neues Testament – übersetzt von Roland Werner.
© 2009 SCM R.Brockhaus im SCM-Verlag GmbH & Co. KG, Witten (DBU)

© 2011 SCM R.Brockhaus im SCM-Verlag GmbH & Co. KG, Witten
Umschlag: Provinzglück GmbH – www.provinzglueck.com
Satz: Burkhard Lieverkus, Remscheid | www.factory-media.net
Druck: CPI – Ebner & Spiegel, Ulm
ISBN 978-3-417-26315-2
Bestell-Nr. 226.315

STIMMEN ZU DIESEM BUCH

»Heute stehen wir vor unübersehbar vielen Fragen, wie Glaube gelebt werden kann. Da ist es erfrischend und ermutigend zu lesen, welche Antworten die beiden Praktiker Martin Bühlmann und Marcus Hausner auf diese Fragen gefunden haben. Ich bin sicher, dass dieses Buch zu einer hilfreichen Landkarte für all jene wird, die ebenso leidenschaftlich nach Antworten suchen.«

JOHN MUMFORD
Leiter Vineyard Großbritannien und Irland

»Ich kenne Martin Bühlmann als einen erfahrenen Gründer, strategischen Denker und Leiter, der sich nicht mit dem Status quo gemeindlicher Wirklichkeit zufriedengibt. In »wertvoll!« stellt er sich einer herausfordernden Frage: Welche Voraussetzungen braucht Gemeinde heute, um im Spannungsfeld zwischen zunehmender Institutionalisierung nach innen und wachsender Fragmentierung der Gesellschaft zu bestehen und die Wirksamkeit und Vitalität nicht zu verlieren?«

Berton A. Waggoner
Leiter der Vineyard USA

»Gemeinschaft hinter Jesus her kann es gar nicht genug geben! Hier stellen Leute ihr Konzept vor, deren Unternehmergeist und Liebe zur Gemeinde ich schätze und deren Leidenschaft für und Herzensbeziehung zu Jesus ich vertraue. Ein spannendes Buch – ein Blueprint für Gemeinden, die Bewegung wollen.«

Ulrich Eggers
Vorsitzender Willow Creek Deutschland

»Das, was du in deiner Hand hältst, ist mehr als nur ein Buch. Du liest es mit dem Schreibzeug in der Hand – es ist ein Arbeitsbuch. Es vermittelt Werte, die, wenn richtig angewandt, hochexplosiv sein können und die Kraft haben, Leben nachhaltig zu verändern. Die Autoren sind authentisch und leben, was sie schreiben.«

Heinz W. Strupler
Präsident vom Bund Evangelischer Gemeinden (BEG/Newlife) Schweiz und Internationaler Leiter von ISTL.net

»Martin Bühlmann und Marcus Hausner legen mit diesem Buch einen lange erwarteten Beitrag vor, wie christliche Gemeinschaft auf der Grundlage gemeinsamer Werte aussehen kann. Vor dem Hintergrund einer postmodernen Welt mit ihrer Suche nach Sinn, Erfüllung und Beziehungen diskutieren sie überzeugend die Bedeutung grundlegender biblischer Werte und deren Wirkung, um Gemeinschaft zu stiften. Was bedeutet es in einer postmodernen Welt, Jesus nachzufolgen – nicht als selbstbezogene Individualisten, sondern als Menschen, die authentisch Gemeinschaft leben? Eine Gemeinschaft, die nahbar, glaubwürdig, relevant und nach außen gerichtet ist. Dieses Buch bietet praktisches Handwerkszeug und ich empfehle es jedem, der heute mit Menschen arbeitet.«

Alexander Venter
Valley Vineyard Community, Südafrika

Inhaltsverzeichnis

> In welcher Zeit leben wir eigentlich?
> Was geht? – Die Zeichen der Zeit erkennen
> Was kommt? – Biotope der Hoffnung
> Was bleibt? – Die Gemeinde Jesu

> Wesen und Wirkung von Werten verstehen
> Wenn Werte dem Leben Richtung geben
> Werte als Motoren eines jesusmäßigen Lebensstils

> Reich Gottes
> Gottes kraftvolle Gegenwart
> Barmherzigkeit
> Heilende Gemeinschaft
> Erneuerung von Kirche und Gesellschaft

> Grundformen gemeinschaftlichen Lebens
> Beziehungen in einer Gemeinschaft
> Vision – Mit Gottes Perspektive die Welt sehen

1. Postmoderne

2 Werte wirken

3. Kernwerte

4. Gemeinschaft

Geleitwort von Roland Werner

... weil du in meinen Augen so wert geachtet und auch herr-lich bist und weil ich dich lieb habe ...

Jesaja 43,4 (LUT)

Und ich sah auch die heilige, zu Gott gehörige Stadt, das neue Jerusalem, wie sie aus dem Himmel von Gott herab-kam, bereitet wie eine Braut, die für ihren Ehemann ge-schmückt ist. Da hörte ich eine gewaltige Stimme, die vom Thron her kam. Sie sagte: »Sieh her! Das ist das Zelt Gottes, das bei den Menschen steht. Und er wird mitten unter ihnen wohnen und sie werden sein Volk sein und er selbst, Gott, wird mit ihnen sein.

Offenbarung 21,2-3 (DBU)

Wertvoll –
Das sind unsere Gemeinden.
Auch wenn wir viel zu kritisieren haben.
Gottes Augen sehen tiefer.
Gottes Liebe durchschaut den Schein.
Mit seinem Herzen sieht er wirklich gut.
Und er sagt:
Du bist wertvoll.
Du Einzelner.
Du Gemeinde.
Du kleine Herde.
Du große Versammlung.
Du coole Kirche der Zukunft.
Du traditionsbewusste Gemeinde.
Du.

Wertvoll –
Wie ein Diamant.
Auch der muss geschliffen werden.
Auch der bleibt nicht, wie er war.
Er soll heller strahlen.
Schöner glitzern und glänzen.
Deshalb ist es kein Widerspruch.
Dieser Zuspruch.
Und dieser Anspruch.
Beide »Sprüche« sind wahr.

Wertvoll werden.
Das soll Gemeinde heute.
Für die, die »drin« sind.
Und für andere.
Für alle.
Denn der Auftrag von Gemeinde ist nicht beschränkt.
Frauen, Männer, Kinder, Erwachsene, Inländer, Ausländer.
Alle Völker, alle Nationen sind im Fokus.
Niemand ist ausgeschlossen.
Auch nicht die Generation »Postmoderne«.

Wertvoll –
Das sind auch die Menschen um uns herum.
Gewichtig ihre Hoffnungen und Träume.
Ihre Sehnsucht und ihr Schmerz.
Ihnen zu dienen ist Auftrag der Jesusmenschen.
Deshalb heißt es hinschauen.
Hinhören. Hingehen.
Was weist uns dabei den Weg?

Wertvoll –
Das ist auch unsere Botschaft.
Sie muss entdeckt werden.
Entfaltet.
Entschlüsselt für unsere Zeit.
Das braucht Ausdauer.
Liebe. Beständigkeit.
Den langen Atem und das weite Herz.
Den offenen Blick und die ausgestreckte Hand.

Wertvoll –
Ist dieses Buch.
Denn es führt uns mitten hinein in die Fragen.
Es benennt die Herausforderungen.
Und beleuchtet die Weichenstellungen.

Martin Bühlmann und Marcus Hausner haben es sich nicht
    leicht gemacht.
Aber uns, den Lesern.
Danke!
Der Stoff ist hochgradig reflektiert.

Und zugleich voller Sprengkraft.
Er kann uns hineinkatapultieren mitten in unsere Zeit.
Da gehören wir ja hin.
Als Freunde und Botschafter von Jesus.

Wer sollte dieses Buch lesen?
Alle, die Verantwortung übernehmen wollen.
Für unsere Zeit. Für unsere Welt. Für unsere Kirche.

Wertvoll –
Kann ein Buch atmen?
Dieses tut's.
Es atmet Liebe und Verstand.
Barmherzigkeit und Klarheit.
Seelsorge und Prophetie.
Es ist der Atem des Gottesgeistes, der uns neu umwehen
   will.

Für mich gibt es drei Arten von Büchern.
Die, die ich so halb bis gar nicht lese.
Die, die ich pflichtbewusst durchackere.
Und die, die ich auch ein drittes Mal lese.
Weil sie so wichtig und wertvoll sind.
Dieses hier gehört zur dritten Kategorie.

Dr. Roland Werner
Prior Christus-Treff Gemeinschaften Marburg, Berlin,
Jerusalem
Design. Generalsekretär des CVJM Gesamtverbands
Deutschland

Hallo und guten Tag!

Wir heißen dich herzlich willkommen auf den ersten Seiten. Wie gerne würden wir jetzt von dir erfahren, welche Erwartungen du an dieses Buch hast, ob du es selbst kaufen willst, es schon getan hast oder es vielleicht von einem guten Freund geschenkt bekommen hast. Oder, oder ... Das alles wissen wir nicht. Was wir aber wissen, und daran wollen wir dir Anteil geben, ist, warum wir dieses Buch geschrieben haben.

Christen einer jeden Generation stellen sich die Frage: Was bedeutet es heute, Christus nachzufolgen? Zum Beispiel haben sich Franziskus von Assisi, Johannes von Kronstadt, Philipp Jakob Spener oder Martin Luther King mit diesem Thema beschäftigt. Wir haben in der Vineyard-Bewegung einige Antworten gefunden, die uns helfen, persönlich und gemeinschaftlich Jesus nachzufolgen. Seit Jahren sind wir dazu in einem persönlichen Gespräch. Und zu diesem Gespräch und Austausch bist du eingeladen!

Stell dir vor, es ist Abend. Wir sitzen in gemütlichen Ohrensesseln an einem Kamin. Das Feuer knistert friedlich, die Flammen lodern und tauchen das Zimmer in ein freundliches Licht. Du hast ein Glas deines Lieblingsgetränks vor dir. Bei mir (Marcus) wäre es ein Bowmore Islay Single Malt Whisky und bei mir (Martin) wäre es eine Tasse frischer Pfefferminztee. Was wäre es bei dir? Übrigens, ist es okay, wenn wir dich duzen? Am Kamin kommt das einfach besser ☺.

Wir werden über unsere Zeit plaudern, die Postmoderne, über das Wesen und die Wirkung von Werten, wie man sie in Gemeinschaft ausleben kann, welche besonders wichtig sind, wie praktisches Leben vor Ort aussehen kann und welche Risiken es gibt. Außerdem haben wir viele, viele Geschichten von gewöhnlichen Menschen wie dir und mir gesammelt, die mit einem ungewöhnlichen Gott rechnen und in ihrer Welt Geschichte schreiben.

Weil Menschen unterschiedlich sind, kannst du dieses Buch auf unterschiedliche Weise lesen. Schnell oder sorgfältig, emotional oder eher sachlich. Zur Orientierung findest du vier verschiedene Icons: Ausblick, Kurz gesagt, Story und Aktion.

Wenn du ...

... die Grundideen von *wertvoll!* verstehen und entdecken willst, wie Gott heute gemeinsam mit Menschen sein Reich ausbreitet, dann orientiere dich an den Storys. Lass dich inspirieren von Erlebnissen und Einsichten anderer.

Deine Meilensteine:

... dich für die Grundlagen werteorientierter Gemeindeentwicklung interessierst und diese verstehen willst, dann orientiere dich am Ausblick und den folgenden Inhaltsseiten.

Deine Meilensteine:

... du nach Ideen und Vorschlägen suchst, um die Inhalte in der eigenen Arbeit umzusetzen und auszuprobieren, dann orientiere dich an Kurz gesagt und Aktion.

Deine Meilensteine:

Wir wollen dich mitnehmen auf eine Reise mit der Frage: Was bedeutet christliche Gemeinschaft in der Postmoderne? Die Schönheit einer Reise macht sich nicht daran fest, dass man alles gesehen hat, sondern an den Begegnungen und Einsichten, die man auf dem Weg gewonnen hat. So wird dieses Buch nicht alle Fragen beantworten. Es will jedoch Anteil an unserem Weg geben und ermutigen. Daher berichten wir von vielem aus der Vineyard-Welt. Wir sind jedoch überzeugt, dass diese Ideen in vielen verschiedenen Kontexten – privat, beruflich sowie gemeindlich – anwendbar sind und erfahrbar werden können und daher nicht nur für Menschen und Leiter der Vineyard interessant und relevant sind.

Wir wünschen uns und beten dafür, dass dich die Ideen und Geschichten inspirieren, deinen Weg zu finden, um Jesus gemeinsam mit anderen nachzufolgen, sein Reich auszubreiten und auf dem Wasser zu gehen.

Für den König und sein Reich!

Martin Bühlmann und Marcus B. Hausner
im Frühjahr 2011

1. Willkommen in der Postmoderne!

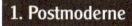

Es ist gut, unterwegs zu lernen

und sich nicht erst

auf den Weg zu machen,

nachdem man gelernt hat.

Leslie Jeanne Shaler

Um was geht es
in diesem Kapitel?

▸ In welcher Zeit leben wir eigentlich?

▸ Was geht?
Die Zeichen der Zeit erkennen

▸ Was kommt?
Biotope der Hoffnung –
Räume für geistliches Leben im 21. Jahrhundert

▸ Was bleibt?
Die Gemeinde Jesu – das Licht und das Salz der Erde

In welcher Zeit leben wir eigentlich?

Verwirrung gehört zum Lebensgefühl.

Unschuldig am Wohnzimmertisch sitzend, schalte ich (Marcus) den Fernseher an, um »einfach mal zu sehen, was heute so passiert ist«. Erstaunt verfolge ich die TV-Beiträge von Gewohnheitsarbeitslosen in der zweiten Familiengeneration, die keinen realen Bezug zu Arbeit oder Leistung mehr haben. Ich höre von Politikern, die Milliarden Steuergelder in die Hand nehmen und keine Vorstellung davon haben, wie sie das jemals finanzieren können. Ich schalte einen Kanal weiter und muss ertragen, wie deutsche Kleinbürger sich in Wohncontainern prostituieren und Gammelfleisch über Nacht als frisches Döner-Frikassée präsentiert wird.

Verwirrt schalte ich die Flimmerkiste ab und beruhige mich mit wohlmeinenden Worten: »Immer diese Medien – schlechte Nachrichten sind da eben gute Nachrichten ...« Aber eben diese verstummen augenblicklich, sobald ich höre, wie meine Frau, die Lehrerin ist, die neuesten Storys über Leistungswahn aus der Grundschule erzählt. Kinder, die kleine Erwachsene sein sollen – dazu verdammt, die Defizite ihrer Erzeuger auszugleichen und an ihrer statt Anerkennung, Leistung und Bildung zu erlangen.

Überforderung ist Alltag.

Tagsüber – in meiner Arbeit als Unternehmensberater – begegnen mir zunehmend hysterische Manager, die alles schneller, besser, kürzer, perfekter abwickeln wollen und sich dabei selbst vergessen – von ihrer Familie ganz zu schweigen. Das Szenario des alltäglichen Wahns ließe sich beliebig verlängern. Es wird nur noch durch meine eigene Hilf- und Tatenlosigkeit übertroffen, die schweigend wahrnimmt, duldet und dann ... tja, wieder zur Tagesordnung zurückkehrt.

»Was, der VW-Bus hat wieder falsch vor unserer Hauseinfahrt geparkt, das ist ja ungeheuerlich.« Denn was sind schon die 180 Hochwassertoten in Weit-weg-Land gegenüber dem doofen Falschparker vor meiner Haustür. Nicht mal böse Absicht. Es sind einfach zu viele Infos, zu schnell, und zu wenig Hirn, um alles zu packen.

Wir halten also fest: Große Verwirrung, großes Tempo, Überforderung ist an der Tagesordnung. Vieles bleibt heute unklar. Tja, alles ganz düster und ganz schwierig, oder?

Richtig! Wären da nicht immer wieder Menschen, die mit ihrer Biografie so völlig aus dem Rahmen fallen. Beispiele gefällig? Erster Aus-dem-Rahmen-Faller: Bono Vox – Leadsänger der Rockband U2. Das Leben einer der erfolgreichsten Musiker unserer Zeit erfuhr eine Wendung, als er in den 1980ern in hungernde, äthiopische Kinderaugen blickte. Seither baut er weltweit Netzwerke, um Armut und Aids zu bekämpfen. Danke, Bono!

Zweiter Aus-dem-Rahmen-Faller: Claus Hipp. Völlig unscheinbar betreibt der bayerische Unternehmer ein ethisch wie wirtschaftlich einwandfreies Unternehmen. Der praktizierende Katholik lebt seinen Glauben nachvollziehbar in der Verantwortung gegenüber seinen Kunden, seiner Umwelt und seinen Mitarbeitern – Respekt, Herr Hipp.

Dritter Aus-dem-Rahmen-Faller: Peter Hahne. Moderator beim ZDF, Journalist, Medienmacher, schreibt in seiner Freizeit Bücher über Gottes Liebe, hält überzeugende Reden auf christlichen Veranstaltungen und ermutigt Menschen durch seine Botschaft und seinen Namen zu einem Leben mit dem Gott der Bibel. Sehr mutig und weiter so, Herr Hahne!

Menschen bewegen etwas, wenn sie die bestehenden Bedingungen nicht akzeptieren, sondern neue schaffen. Welchen Weg nimmst du? Mit dem Strom? Oder gegen ihn? Für Menschen in der westlichen Welt ist es mehr eine Frage der Entscheidung als der Gelegenheit. Ich stelle dabei nicht in Abrede, dass viele Menschen, bedingt durch Lebensraum, Ausbildung, Gesundheit, nicht die Möglichkeit haben, eine Entscheidung zu treffen. Aber für 99 Prozent der in Zentraleuropa lebenden Christenmenschen ist es möglich. Wir wollen also von der Regel sprechen, nicht von der Ausnahme.

In unserem Land stehen wir vor einer Zeit mit ungeahnten technologischen, wirtschaftlichen und kulturellen Möglichkeiten, aber auch Herausforderungen. Sie ist interessant: vielschichtig, temporeich, komplex. Das ist gefährlich für den Unbeweglichen – das ist ein Segen für alle, die ihre Nase in den Wind halten. Wie kann man unsere Zeit beschreiben? Wie »ticken« die Menschen heutzutage und wie können sie ein spirituelles Zuhause finden, das ihnen nicht nur Antworten gibt auf Fragen, die heute niemand mehr stellt?

WAS GEHT?

Die Zeichen der Zeit erkennen

Unterschiede zwischen Prämoderne, Moderne und Postmoderne

Um die Welt von heute besser verstehen zu können, ist es hilfreich, sich die Geistesgeschichte der letzten Jahrhunderte einmal näher anzusehen. Wir gehen davon aus, dass die Zeit bis zum 15. Jahrhundert, also bis zum Mittelalter, geprägt ist von der Prämoderne. Die Moderne ist gekennzeichnet vom Zeitalter der Reformation, der Aufklärung, der Renaissance und geht bis in die Mitte des 20. Jahrhunderts. Die Postmoderne nennen wir die Zeit, in der wir uns heute befinden.

Prämoderne bis 15. Jahrhundert	Moderne 15. Jahrhundert – 1960	Postmoderne seit 1960
Informationen werden mündlich weitergegeben	Informationen werden gedruckt (Buch)	Massenmedien
Autorität liegt bei den Institutionen (Kirche und Staat)	Autorität liegt beim Individuum (Vernunft)	Autorität liegt beim Individuum (Intuition)
Orientierung bietet die Religion	Orientierung bieten Wissenschaft, Technologie und Bildung	– ? –
Grundfrage des Menschen: Kann ich überleben?	Grundfrage des Menschen: Kann ich einfacher leben?	Grundfrage des Menschen: Welchen Sinn hat das Leben?
Motto: »Ich glaube, um zu verstehen.« Anselm von Canterbury	Motto: »Ich denke, also bin ich.« René Descartes	Motto: »Macht es dich glücklich? Es wird dann nicht schlecht sein.« Cheryl Bowls
Gott im Zentrum	Menschen im Zentrum	Erfahrung im Zentrum, nichts Absolutes

Das Wissen wird umfassend demokratisiert.

Das Wissen ... wurde in der Prämoderne vor allem mündlich weitergegeben. Im Mittelalter verbrachten Mönche ihr ganzes Leben damit, biblische Texte oder alte kirchliche Schriften abzuschreiben. Mit dem Buchdruck erfuhr die

Informationsweitergabe die erste Revolution. Wissen wurde schnell und preiswert multiplizierbar. Ideen waren nicht mehr in der Hand einer bestimmten Institution oder der Kirche, sondern konnten von vielen verbreitet werden. Heute leben wir im Zeitalter der Massenmedien, die alle Dimensionen von Raum und Zeit aufheben. Internet und TV ermöglichen zeitgleiche Berichterstattungen von unterschiedlichen Orten. Jede erdenkliche Information liegt nur einen Mausklick weit entfernt.

Die Autorität ... lag in der Prämoderne in den Händen der Kirche und fester Institutionen. An einer Stelle wurde entschieden, was wahr und unwahr, was richtig und falsch ist. Die Institution gab Normen, Werte und Regeln vor, die der Mensch für sein Leben und sein Handeln übernahm. Die Moderne verlangte dann jedoch, dass jeder Mensch selbst Herr seines Lebens sein sollte. Wenn vorher die Kirche die höchste Autorität war, so war es nun die Vernunft, die eigene Erkenntnis, die eigenen Entscheidungen.

> **Die Autorität** verlagert sich von der Institution zur Person.

Die Postmoderne ist geprägt von dem Wissen, dass allein die Vernunft die wirklichen Probleme der Menschheit nicht zu lösen scheint. Manche sagen sogar, dass die Probleme heute größer sind als jemals zuvor in der Menschheitsgeschichte. Die Vernunft wurde verdrängt zugunsten der Intuition. Das, was ich fühle, das, was ich empfinde, gilt als wahr und richtig.

Der Glaube ... des Menschen war in der Prämoderne natürlicher Bestandteil seines Lebens. Es gab Unerklärliches, das den göttlichen oder übernatürlichen Welten zugeschrieben wurde. Im christlichen Abendland galt die christliche Religion als verbindlicher Maßstab für Leben und Handeln. Wunder, Unerklärbares waren akzeptiert.

> **Der Glaube** verliert sich und alles bleibt offen.

Genauso wie die Moderne die Vernunft über die Institution stellte, wurden über den Glauben die Wissenschaft, Technologie, der Fortschritt und die Bildung gestellt. Man war der Meinung, dass mit diesen Motoren echte Entwicklungen und echtes Fortkommen möglich seien. Spätestens jedoch nach dem Zweiten Weltkrieg, nach den Atombomben von Hiroshima und Nagasaki, wurde es der Menschheit bewusst, dass sie mittlerweile die Mittel in der Hand hielt, sich selber zu vernichten. Eine neue Situation war geboren. Drängend stand die Frage im Raum: Kann die menschliche Vernunft dieser Aufgabe wirklich gewachsen sein?

In der Postmoderne bleibt die Antwort nach Glaube offen, weil der Gott der Prämoderne verdrängt wurde und Wissenschaft, Technologie und Bildung sich als unzureichend entpuppten. Das Einzige, was der postmoderne Mensch weiß, ist, dass er darauf keine Antwort hat.

Kennzeichen der Postmoderne

Drei Phänomene prägen heute unter anderem das Denken und Handeln des Menschen. Es ist der Relativismus, der Individualismus und der Hedonismus. Erkennen und verstehen wir diese Phänomene, können wir die richtigen Schlüsse ziehen, wenn es darum geht, das Evangelium in unserer Zeit auszuleben.

Ein Kind der europäischen Aufklärung ist die relative Weltsicht. Alles, was der Mensch erlebt, setzt er zu sich oder zu anderen Ereignissen in Bezug. Es gibt keinen Fixpunkt mehr als den des eigenen Erkennens und Bewertens. Das hat grundlegende Folgen für den Wahrheitsbegriff: Er wird durch die eigene Wirklichkeit ersetzt. So kann der Mensch von heute sagen: »Jeder wird nach seiner Fasson selig.« »Wenn es für dich okay ist, dann ist es okay.«

Wenn der Wahrheitsbegriff der relativen Wirklichkeit weicht, dann gibt es keine absoluten Aussagen, die ein richtig oder falsch zulassen, sondern nur ein »für mich richtig oder falsch«. Das Autoritätsverständnis von traditionellen Institutionen wie beispielsweise der Kirche oder des Staates wird vom modernen Menschen hinterfragt und unter Umständen verworfen. Unterordnung unter Autoritäten ist fremd und gilt als antiquiert.

Ein Aspekt des Relativismus ist das Selbstverständnis, dass der moderne Mensch die eigentliche Instanz für sein Handeln und Leben ist. Das Erkennen der eigenen Persönlichkeit und die Verwirklichung der eigenen Wünsche und Vorstellungen ist das Ziel des Lebens. Von außen formulierte Werte und Normen werden nur dann übernommen, wenn sie in das eigene Konzept passen und dem eigenen Willen dienen. Übergeordnete Systeme wie Familie, Dorfgemeinschaft oder Nationalität verlieren an Bedeutung für das Handeln des Einzelnen. Die Selbstbestimmung ist Mittel und Zweck gleichzeitig. Der moderne Mensch will der wirklich freie Mensch sein. Freiheit wird dabei verstanden als Freiheit von Fremdbestimmung jeglicher Art, wie Regeln, Traditionen, Erwartungen oder Pflichten einer Gemeinschaft.

So rückt als eigentlicher Lebensinhalt das »Erleben des Lebens« in den Vordergrund. In einer Zeit der unbegrenzten Möglichkeiten will der Mensch ALLES und SOFORT – auf Knopfdruck, unmittelbar und ohne Nebenwirkungen. Die eigenen Bedürfnisse sind der Maßstab dessen, was man will. Diese gilt es zu befriedigen – jetzt und umfassend. Die mediale Landschaft schafft künstlich neue Bedürfnisse, die der »freie« Mensch in den Mittelpunkt seines Denkens und Handelns stellt. Die alte Frage: »Ist das richtig und nützlich?«, weicht der neuen: »Was bringt mir das?«

> **Hedonismus ist die Verehrung der Emotion.**

Stephen Covey vergleicht diese Haltung mit einer Schule, in der ich mit Tricks und Schwindel ein Diplom bekommen kann, ohne die notwendigen Kenntnisse erworben zu haben. Da ich nicht die Fähigkeiten habe, die ich im Leben benötige, mündet Bedürfnisbefriedigung im Fernsehsessel. Dort lässt der moderne Mensch denken, anstatt selber aktiv zu werden. Genuss wird wichtiger als Glück und Erleben wichtiger als Reife.

Zweifellos hat dieses postmoderne Denken positive Seiten. Die Errungenschaften der Aufklärung sind die Grundpfeiler der modernen Zivilisation, die Werte wie Toleranz und Menschenwürde schützen oder erst hervorgebracht haben. Wer will schon in einem autokratischen Staat leben, der einem vorschreibt, was man zu denken und wie man zu leben hat?

> **Die Aufklärung hat die moderne Zivilisation hervorgebracht.**

Wir hängen keinen voraufklärerischen Fantasien nach. Wir sind Kinder unserer Zeit und suchen gleichzeitig nach jesusmäßigen (also Jesus Christus entsprechenden) Antworten:

- Wir begegnen einer relativen Weltsicht mit einem König und seinem Reich, das sich ausbreitet.
- Wir begegnen dem Individualismus mit einer individuellen Lebensberufung, die sich der Mensch nicht selbst gibt, jedoch entdecken kann.
- Wir begegnen dem Hedonismus mit dem Angebot, anhand göttlicher Lebensordnungen zu menschlicher Reife zu gelangen und ein Leben zu führen, das gelingt.

Und damit zurück zur Ausgangsfrage: Wie sieht christliche Gemeinschaft in der Postmoderne aus? Wie können wir dem postmodernen Menschen einen Zugang zum Evangelium verschaffen, der nachvollziehbar und wirksam ist?

Was kommt?

Biotope der Hoffnung

Drei Spannungs-felder

Es ist unsere Sehnsucht, dass Lebensräume entstehen, die den Menschen von heute Zugang zu der Person Jesus Christus verschaffen und sie in die Lage versetzen, ihm nachzufolgen. Welche Aufgaben gilt es hierbei zu berücksichtigen? Wir haben drei wesentliche Spannungsfelder entdeckt:
- Wahrheit versus Erfahrung
- Status versus Beziehung
- Worte versus Taten

Wahrheit versus Erfahrung

Wahrheit braucht Erfahrung, damit sie relevant wird.

Wenn heute Wahrheit relativ verstanden wird und eben keine absolute Wahrheit geduldet wird, greift eine reine Vermittlung der Wahrheit zu kurz. Menschen werden die Wahrheit hören, vielleicht auch verstehen und im besten Falle als eine Option unter mehreren akzeptieren. Mit anderen Worten: Die Wahrheit Jesu Christi muss für den postmodernen Menschen erfahrbar sein. So und nur so kann sie Teil seiner Wirklichkeit werden. John Wimber formulierte es einmal so: »Wenn ihr zusammenkommt, dann sollte irgendetwas ›Erlösendes‹ passieren. Menschen werden gestärkt, geheilt, befreit oder ermutigt. Es geht nicht um Wahrheit oder Erfahrung, jedoch braucht die Wahrheit das Transportmittel der Erfahrung, damit sie für den Einzelnen relevant wird.«

Wir werden später (siehe Seite 153) von »UP«, der Bewegung hin zu Gott, sprechen. Ganz natürlich übernatürliche Erfahrungen sind möglich und schließen die Wahrheiten des Gottes der Bibel für den Menschen von heute auf.

Status versus Beziehung

Status verkörpert Autorität in einer Funktion. Ein Polizist, ein Richter, ein Lehrer bezieht seine Autorität nicht aus seiner Person, sondern aus einem externen Mandat, das er erhalten hat. Eben diese extern verliehenen Autoritäten verlieren an Gewicht. Dies ist ein Trend, den wir an dieser Stelle nicht bewerten wollen – es kann gut und gleichzeitig schlecht sein. Wenn Lehrer in zu großen Klassen täglich um die Durchsetzung ihres Willens kämpfen müssen, weil die Schüler keine Grenzen kennen, ist das eher problematisch, wenn jedoch die Presse ein gesundes Misstrauen hegt bei einem Politikerstatement: »Die Renten sind sicher!«, dann ist das nur zu begrüßen.

> Vertrauen speist sich heute nicht aus Status, sondern aus Beziehung.

So werden die Menschen einem Christen nicht glauben, nur weil er Christ ist, sondern weil sie ihm vertrauen. Vertrauen gestern war gespeist durch den Status. »Das ist wahr, weil es der Pfarrer sagt.« Heute speist sich Vertrauen aus Beziehung. »Ich kenne diese Person und deshalb glaube ich ihr.« Wenn ich als Jesusnachfolger von Jesus spreche, werden mir Menschen zuhören, wenn sie mich kennen und sie mir vertrauen. Mein Status also braucht die Nähe einer Beziehung, damit er seine Kraft entfaltet.

Wir werden später (siehe Seite 156) von »IN«, der Bewegung zueinander, sprechen. Dort, wo Freundschaft und Familie gelebt werden, öffnen sich Menschen für Neues, weil sie vertrauen.

Worte versus Taten

Schon von Franz von Assisi ist die Aussage überliefert: »Wir werden den Menschen mit allem, was wir haben, die Frohe Botschaft bringen. Zur Not auch mit Worten.« Aktion und Taten sind der praktische Ausdruck von dem, was wir wirklich

> Wenn Jesusnachfolger die Taten Jesu ausleben, werden Menschen aufmerksam.

glauben und wovon wir überzeugt sind. Dadurch, dass Informationen nicht mehr einigen wenigen, sondern jedem und überall verfügbar sind, haben Worte längst ihre Kraft verloren. Jede Zahnpasta verändert heute dein Leben und jeder Knusperkeks verspricht, dich in ungeahnte Glückshimmel zu entführen. Was also löst der Aufkleber »Jesus liebt dich« bei einem postmodernen Leser aus? Im besten Falle: »Ja, und?«

Wenn Jesusnachfolger die Taten Jesu ausleben, den Armen dienen, sich für Entrechtete einsetzen, die Gefangenen befreien, den Hungrigen zu essen geben und die Nackten kleiden, dann werden andere aufhorchen und stutzen. Das passt nicht ins Weltbild. Warum machst du das? Einsichten, die wir weitergeben, sind dann getragen von einer gelebten Realität. Menschen werden uns zuhören, weil sie unser Leben sehen. Wir werden später (siehe Seite 160.) von »OUT«, der Bewegung in die Welt, sprechen. Dort, wo sich Jesusnachfolger einmischen, sich einsetzen für mehr soziale Gerechtigkeit, sich an Menschen verschenken, die Extrameile gehen, den Obdachlosen zu Hause aufnehmen, werden Menschen uns nicht nur interessiert zuhören, sondern sich mit uns auf den Weg machen.

WAS BLEIBT?

Die Gemeinde Jesu – das Licht und das Salz der Erde

Ob wir Salz und Licht sind, ist nicht unserer Entscheidung überlassen, sondern eines unserer Wesensmerkmale als Christen.

Biotope der Hoffnung könnten also Lebensräume sein, durch die Menschen:
- Gottes Gegenwart, seine Kraft und sein Wesen erfahren,
- Freunde finden, mit denen sie gemeinsam Jesus nachfolgen,
- für die eigene Region Verantwortung übernehmen, indem sie sich für andere und mehr Gerechtigkeit einsetzen.

Undenkbar? Im Gegenteil. Jesus ruft seinen Nachfolgern zu: »Ihr seid das Salz der Erde. Ihr seid das Licht der Welt!« (vgl. Matthäus 6). Das ist ein Zuspruch. Er sagt nicht: »Also, wenn ihr mal Zeit habt, dann könnt ihr euch entscheiden, ob ihr das sein wollt.« Es ist keine Frage unserer Entscheidung, sondern eines unserer Wesensmerkmale als Christen, weil wir zu seinem Reich gehören und er in uns lebt. Wir haben alle Voraussetzungen, um dieser Zusage nachzukommen. Gemeinde Jesu ist Salz und Licht – seit Pfingsten und bis an den Tag, an dem der König sein Reich wieder vollständig aufrichten wird.

Salz verändert

Schon ein wenig Salz in einer Suppe verändert vollständig ihren Charakter. Das Kleine, Wenige verändert das Ganze. Aus der Soziologie wissen wir, dass es nur wenige Menschen mit einem klaren Auftrag benötigt, um das Gefüge eines Landes zu prägen. Unsere Städte brauchen nicht unbedingt mehr Christen, sondern vielleicht brauchen wir Christen mehr Christus. Denn wenn das Salz nicht mehr salzt, ist es unnütz geworden.

> Ihr seid das Salz der Erde!

Salz erhält

In Zeiten ohne Tiefkühltruhe, Kühlschrank und Mikrowelle mussten Lebensmittel anders konserviert werden. Salz war neben dem Trocknen die übliche Methode, um Fleisch und Fisch länger haltbar zu machen. Studien belegen, dass geistliche Aufbrüche über Generationen hinweg zur gesellschaftlichen und wirtschaftlichen Gesundheit von bestimmten Regionen beigetragen haben. Salz bewahrt das Gute und das Heile. Es ermöglicht Menschen, in den Ordnungen Gottes zu leben und nicht zu »verderben«.

Salz verzehrt sich

Salz ist kein Wert in sich. Salz, lange gelagert, klumpt, wenn es mit Feuchtigkeit in Berührung kommt. Wenn man es dann verwenden will, kommt es ganz schlecht aus dem Salzstreuer heraus. Salz ist dazu da, dass man es verstreut. Sobald es jedoch verstreut ist, tritt es ganz in die zu salzende Substanz (Suppe, Soße ...) ein. Salz verändert den Charakter der Suppe für immer, ist jedoch nicht mehr sichtbar, nachdem es einmal in ihr aufgegangen ist. Der Auftrag der Gemeinde ist es zu dienen und nicht zu herrschen. Wenn die Kirche versucht, sich selbst zu erhalten und Macht auszuüben, anstatt sich zu verschenken, hat sie den Auftrag des Herrn an die Kirche falsch verstanden.

Licht gibt Orientierung

Ihr seid das Licht der Erde!

Der Leuchtturm an der Küste gibt den vorbeifahrenden Schiffen schon von Weitem Sicherheit, sodass sie gefährliche Stellen meiden und genügend Abstand zur Küste halten können. Ein Feuer in der Nacht zieht durch seine Wärme und seine Helligkeit an. Menschen werden sich an dem orientieren, was wir in Christus leben und verkörpern. Es gibt ihnen die Hoffnung an das Leben zurück.

Licht ermöglicht Leben

Pflanzen, Tiere und Menschen brauchen das Licht wie die Luft und das Wasser, um zu leben. Blumen wachsen dem Licht entgegen. Dort wo es hell ist, werden Menschen aufblühen und zu dem werden, wozu Gott sie erschaffen hat. Wenn wir unser Licht leuchten lassen, wird Veränderung eintreten. Wenn du dir denkst, dass dein Licht zu schwach oder zu klein sein sollte, geh an dunkle Orte. Du wirst erkennen, wie hell dein Licht scheint. Besuche Menschen, die Ausländer in deinem Land sind. Tröste die Traurigen und engagiere dich für die Entrechteten. Lass dein Licht leuchten!

Licht breitet sich aus

Zum Wesen des Lichtes gehört, dass es sich ausbreitet. Es bleibt nicht bei sich selbst stehen. Es macht sich auf den Weg – so lange, bis es auf einen Körper trifft, der das Licht entweder reflektiert oder absorbiert. Wie Menschen auf uns reagieren, kann ganz unterschiedlich sein, wichtig ist jedoch, dass wir uns auf den Weg machen.

WILLKOMMEN IN DER POSTMODERNE

In welcher Zeit leben wir eigentlich?

▸ Unsere Welt ist komplex und dynamisch geworden. Verwirrung ist Teil des Lebensgefühls.
▸ Überforderung und Widersprüchlichkeit gehören zum Alltag vieler Menschen.
▸ Menschen können etwas bewirken, wenn sie sich dafür entscheiden.

Was geht? – Die Zeichen der Zeit erkennen

▸ Wissen wird umfassend demokratisiert.
▸ Autorität verlagert sich von der Institution zur Person.
▸ Glaube verliert sich und bleibt offen.
▸ Kennzeichen der Postmoderne
Relativismus – Alles ist okay.
Individualismus – Ich bin der Maßstab.
Hedonismus – Richtig ist, was mir gefällt.

Was kommt? – Biotope der Hoffnung

▸ Wahrheit braucht Erfahrung, damit sie relevant wird.
▸ Vertrauen speist sich heute nicht aus Status, sondern aus Beziehung.
▸ Wenn Jesusnachfolger die Taten Jesu ausleben, werden Menschen aufmerksam werden.

Was bleibt? – Die Gemeinde Jesu – das Licht und das Salz der Erde

▸ Wir haben eine Zusage, dass wir Salz und Licht sind.
▸ Salz verändert die zu salzende Substanz vollständig.
▸ Salz erhält und bewahrt und schützt so vor Verderben.
▸ Salz verzehrt sich und ist nicht mehr sichtbar.
▸ Licht gibt Orientierung und bewahrt vor Gefahr.
▸ Licht ermöglicht Leben, wo Dunkelheit ist.
▸ Licht breitet sich aus und bleibt nicht bei sich selbst.

HEILIGER SCHWIPS

Pascal Lenoir, Vineyard Bern

Drei meiner Freunde und ich waren während einem unserer Einsätze auf den Straßen von Bern unterwegs. Als wir zum Bundesplatz kamen, sah ich aus einiger Entfernung einen alten Freund, nennen wir ihn Michael, den ich von der Berufsschule kannte. Ich war hin und her gerissen: Sollte ich nun zu ihm gehen oder nicht? Einerseits hatte ich keine Lust darauf, zu erklären, was wir in der Stadt machten, auf der anderen Seite verspürte ich den Drang, Michael anzusprechen, um zu sehen, was sich aus der Situation ergeben würde.

Schließlich habe ich mich für Letzteres entschieden. Also gingen wir zu ihm und setzten uns zu ihm auf den Boden. Während des üblichen Small Talks fragte Michael, was wir gerade machten. Ich erklärte ihm, dass wir den Menschen auf der Straße Gebet anböten, wenn sie Heilung und Veränderung in ihren Lebensumständen oder die Liebe Gottes erfahren wollten. Erleichtert stellte ich fest, dass er uns nicht gleich für die letzten Spinner hielt, sondern interessiert nachfragte. So konnten wir ihm einige beeindruckende Geschichten von Heilungen erzählen, die wir erlebt hatten. Ich war natürlich darauf aus, Michael zu fragen, ob wir auch für ihn beten könnten.

Zunächst wollte ich wissen, wie es ihm gerade ging, und versuchte, mich auf diese Weise langsam an ihn heranzutasten. Michael verwies auf die Kiste Bier, welche er dabeihatte, und sagte, dass es ihm gar nicht gut gehe. Er erzählte uns, dass ihn seine Freundin kürzlich verlassen habe und er sich nur noch betrinken wolle, um die Situation für einige Stunden vergessen zu können. Schließlich fragte er uns, ob wir ihm mit unserem Gebet seine Freundin wieder zurückbringen könnten.

Daraufhin erklärten wir Michael, dass nicht wir über Superkräfte verfügten, sondern Jesus, welcher durch uns wirkt, und wir deshalb auch für nichts garantieren könnten. Außerdem war mir vor allem wichtig, dass Michael eine Begegnung mit Gott hatte. Also habe ich ihm erzählt, dass man auch durch die Liebe Gottes einen »Vollrausch« haben kann. Verständlicherweise hatte er etwas Mühe, dies zu verstehen, also erzählte ich ihm von meiner Erfahrung mit Gott und wie ich seine Gegenwart und Liebe erlebt habe. Er wurde hellhörig und meinte, wenn das wirklich funktioniere, wolle er dies auch erleben. Also boten wir Michael an, für ihn zu beten, und er nahm gerne an!

Ich war etwas unsicher, da ich nicht wusste, was passieren würde. Wir saßen also mit ihm auf dem Boden und legten ihm die Hände auf. Ich habe die Gegenwart Gottes eingeladen und den Vater im Himmel gebeten, Michael gegenüber seine Liebe zu offenbaren! Nach ungefähr zwei Minuten Gebet fing er plötzlich an, wie belämmert dreinzuschauen. Ich fragte ihn, ob er was spüre. Michael antwortete mir: »Booaah, das haut einen ja um!« So ermutigten wir ihn, dass er in herausfordernden Momenten die Gegenwart Gottes suchen soll!

Es war so toll zu sehen, wie Gott Michael in einer Art begegnet ist, welche er verstanden hat. Mit einem heiligen Schwips! Für mich war es ebenfalls sehr ermutigend, zu erleben, wie Gott mit einem ist, während man sich aufs Glatteis begibt!

Das also bedeutet, dass ...

- Menschen eher bereit sind, sich auf Wahrheiten einzulassen, wenn sie eine Erfahrung machen, die diese illustriert.
- Worte im Leben eines Menschen dann Kraft entfalten können, wenn sie praktisch erfahren werden.
- Beziehungen der Türöffner sind für Vertrauen und Begegnung.

So geht's weiter ...

Nachstehend findest du einige weiterführende Fragen, um in deinem eigenen Umfeld aktiv zu werden:

▸ Welche Merkmale der Postmoderne kannst du in deinem Umfeld (Beruf, Schule, Familie, Freunde ...) beobachten? Welche Folgen entstehen daraus?

▸ Welche Fragen beschäftigen die Menschen, mit denen du in Kontakt bist?

▸ Was sind wohl die Ursachen, dass Menschen heute nicht besonders stark am christlichen Glauben interessiert sind?

▸ Wie können du und deine Freunde eine Alternative schaffen, die Menschen wirklich verändert?

2. Warum Werte wirklich wertvoll sind

Man sieht nur mit dem Herzen gut.

Das Wesentliche ist für die Augen unsichtbar.

Antoine de Saint-Exupéry

Um was geht es in diesem Kapitel?

▸ Das Wesen von Werten – 5 Merkmale

▸ Die Wirkung von Werten – 5 Merkmale

▸ Werte als Motoren für einen jesusmäßigen Lebensstil – oder: Wenn Wissen, Können, Wollen und Dürfen zusammenkommen

DAS WESEN VON WERTEN

Menschen wollen heute selbstbestimmt und nicht fremdbestimmt leben.

Wertedebatten sind für den interessierten Beobachter beinahe allgegenwärtig. Fast keine Konferenz, keine Buchveröffentlichung, keine Talkshow oder Radiosendung fragt nicht nach Wertekonsens, Gesellschaftsvertrag oder einem Kodex, der denen da oben oder denen da unten endlich mal klarmacht, was richtig oder falsch ist. Die selbst betriebene Auflösung der Weltbilder seit der Aufklärung fordert nun ihren Tribut. Wenn es nichts Bindendes mehr gibt, dann hält uns ja auch nichts mehr.

Wenn wir hier über Werte nachdenken, dann geschieht das nicht mit dem Ziel, wieder einen christlichen Wertekonsens in der Gesellschaft zu etablieren, wie das vor allem von neo-konservativen Gruppen in den Vereinigten Staaten gefordert wird. Dies wäre ein Griff nach der Macht, der, sofern wir dem Zimmermann aus Nazareth zuhören, ins Leere geht.

Jesusmäßige Werte tragen das Potenzial in sich, plurale und offene Gesellschaften zu prägen.

Wir suchen Werte, die inspiriert und getragen sind von der Person Jesus Christus – Werte genährt von seinem Leben, seinem Sterben und seiner Auferstehung. Diese tragen als Salz das Potenzial in sich, plurale und offene Gesellschaften zu prägen, wenn sich Menschen auf die Lebensentwürfe der Jesusnachfolger einlassen und sich gemeinsam mit ihnen auf den Weg machen.

Warum gewinnen Werte in der Postmoderne neu an Bedeutung? Weil externe Autoritäten an Gewicht verlieren. Wenn Menschen selbstbestimmt leben wollen, sind es die inneren Überzeugungen, die wichtiger werden. Gemeinsam ausgelebte Werte lassen eine Kultur entstehen. Zu dieser Kultur werden sich Menschen in Beziehung setzen wollen –, und zwar selbstbestimmt. Sie suchen nach Orientierung und einer neuen Art von Führung, die nicht mehr über Ansagen oder Befehle erfolgt, sondern mehr und mehr über Freiheit und Verantwortung und die Glaubwürdigkeit der Menschen, die leiten und vorangehen.

Manche moderne Organisationen, wie z.B. IBM oder Hewlett-Packard, beschreiben eindrücklich, was gelebte Werte bewirken können. Sie verstehen es, den Kern ihrer Identität mit Grundüberzeugungen zu beschreiben, an denen sich alle

Mitarbeiter orientieren im Umgang mit Kunden, Partnern, Kollegen und Lieferanten. Gerade auch die 12er-Bewegung, die Jesus von Nazareth ins Leben rief, war geprägt von existenziellen Überzeugungen, zu denen sich Menschen in Beziehung zu setzen hatten, sofern sie dem Zimmermann nachfolgen wollten. Jesus machte die Kosten der Nachfolge klar, jedoch wählten die Jünger selbst den Weg – sie trafen eine eigene Entscheidung. Er teilte mit ihnen sein Leben und schuf eine Praxis, die nach seinem Tod und seiner Himmelfahrt von seinen Schülern weitergeführt wurde. In nur drei Generationen formte diese Kultur ein ganzes Weltreich.

Die 12er-Bewegung, die Jesus ins Leben rief, zeigt eindrücklich, welche Auswirkungen gelebte Werte haben können.

Wenn wir nun über das Wesen und gleich auch über die Wirkung von Werten sprechen, tun wir das ganz allgemein – unabhängig vom gewählten Umfeld. Gleichzeitig wollen wir aber auch besser verstehen, wie sich speziell »jesusmäßige« Werte auswirken. Um bewusst in Gemeinden und Gruppen zu arbeiten, ist das Verständnis von ihnen wesentlich. Was nun macht das Wesen von Werten aus?

1. Werte beruhen auf Überzeugungen

Werte an sich sind unsichtbar. Sie beruhen auf Überzeugungen und stehen für die Dinge und Ideen, die ein Mensch als wertvoll erachtet. Wir können dabei Kernwerte und Präferenzen unterscheiden. Kernwerte beschreiben existenzielle Überzeugungen, wie z.B. Gerechtigkeit, Menschenwürde. Diese sind für einen Menschen oder eine Gruppe unaufhebbar und betreffen zutiefst ihre Identität und ihr Selbstverständnis. Präferenzen geben ebenfalls Werthaltungen wieder. Jedoch wird meine Entscheidung, Filterkaffee einem Senseo-Kaffee vorzuziehen, keine existenziellen Konsequenzen haben. Präferenzen leiten sich in der Regel von Kernwerten ab, sind jedoch sehr flexibel und offen.

Das Wesen von Werten – fünf Merkmale

2. Werte brauchen Beziehungen und Vorbilder

Werte und Wertsysteme entstehen nicht im luftleeren Raum. Sie sind keine Ideen oder Konzepte, sondern machen sich fest an Verhaltensweisen und Vorbildern. Daher werden sie durch Beziehungen weitergegeben. Oder wie es John Wimber formulierte: »Values are better caught than taught«, was übersetzt werden könnte mit: »Werte können leichter praktisch erlebt, als theoretisch gelehrt werden.«

3. Werte atmen die Freiheit der Entscheidung

Wenn ich mich einem Wert verpflichte, dann geschieht das aus eigenem inneren Antrieb. Ich brauche keine ständige Motivation von außen. Ich will es, weil ich es als richtig erkannt habe. Liebe entscheidet sich in Freiheit, nicht aufgrund von äußerem Druck. Als Christen wählen wir, in dieser Freiheit Christus nachzufolgen und seinem Leben den Vorrang zu geben.

4. Werte erfordern eine persönliche Verpflichtung (Verantwortung)

Werte lösen eine Reaktion aus. Gerade ihre Wertigkeit fordert eine Antwort. Unsere Entscheidungen spiegeln wider, welchen Werten wir Raum geben.

> Meine wahren Werte zeigen sich an meinen Finanzen, meiner Zeitplanung und meinen Prioritäten.

»Wer von euch mir nachfolgen will, muss sich selbst verleugnen und sein Kreuz auf sich nehmen und mir nachfolgen« (Matthäus 16,24; NLB). Wenn ich mich entscheide, entscheide ich mich auch für die Konsequenzen. Die Amerikaner unterscheiden gerne mit einem Schmunzeln im Gesicht zwischen Sonntagswerten und Alltagswerten. Was sage ich und was tue ich? Werte an sich sind unsichtbar, jedoch nicht das von Werten angetriebene Verhalten.

»Am Tag des Gerichts werden viele zu mir kommen und sagen: ›Herr, Herr, wir haben in deinem Namen prophezeit und in deinem Namen Dämonen ausgetrieben und viele Wunder vollbracht.‹ Doch ich werde ihnen antworten: ›Ich habe euch nie gekannt‹« (Matthäus 7,22-23; NLB). Man kann alles richtig sagen und glauben, und sein Leben doch nicht auf die Prioritäten des Reiches Gottes ausrichten. Meine wahren Werte zeigen sich daran, wofür ich mein Geld ausgebe, wofür ich meine Zeit einsetze und wofür ich meine Kraft einsetze. Wer A sagt und B tut, lebt keine Werte, sondern verbreitet heiße Luft.

5. Werte brauchen Erneuerung und Vertiefung

Werte sind keine Glaubenssätze, die, einmal schriftlich formuliert, ihre Gültigkeit besitzen, bis sie wiederum schriftlich verändert werden. Werte entfalten ihre Kraft im Lebensvollzug. Deshalb braucht es immer wieder Zeiten der Gemeinschaft mit Menschen, die die gleichen Werte haben. Es braucht Inspiration durch historische wie zeitgenössische Menschen, die modellhaft die entsprechenden Werte verkörpern oder verkörpert haben. Unterbleibt diese Erneuerung, werden unsere Überzeugungen ihre Kraft verlieren durch die schwierigen Umstände, Niederlagen, Rückschläge oder wechselnden Bedürfnisse, wie z.B. Ruhe, Sicherheit oder Wohlstand.

Wie nun wirken sich Werte aus, wenn Menschen zusammenkommen und diese gemeinsam ausleben?

DIE WIRKUNG VON WERTEN

1. Werte richten aus

Wie ein Kompass, der zuverlässig Norden anzeigt, fixieren Werte das wirklich Wesentliche. Moden, Trends kommen und gehen. Auch im Gemeindebau wechseln die Ansätze und Strategien mit sicherer Regelmäßigkeit. Doch Werte bestimmen die Richtung – unabhängig vom Wetter und den örtlichen Gegebenheiten. Das bringt Ruhe und Klarheit in die eigene Wegführung. Auf dieser Grundlage kann ich Entscheidungen treffen und in Gelassenheit alles prüfen und das Gute (das meinen Werten Entsprechende) behalten.

Die Wirkung von Werten – fünf Merkmale

2. Werte polarisieren

Werte sind wertig. Das bedeutet, dass sie wie in der Physik Menschen anziehen werden, die dieselben Werte haben oder auf der Suche nach ihnen sind. Sie werden aber auch abstoßen. Menschen werden sich distanzieren und das Weite suchen.

Jesus formuliert Werte in der Bergpredigt. Von den neun Seligpreisungen handeln die letzten beiden von Verfolgung, Verachtung und Verleumdung. Menschen mit geklärten Wertesystemen suchen nicht den Mainstream und beugen

Von den neun Seligpreisungen der Bergpredigt handeln die letzten beiden von Verfolgung, Verachtung und Verleumdung.

sich keinen Sachzwängen, sondern bleiben dem treu, was sie als richtig erkannt haben.

3. Werte schaffen eine Kultur

Werte verbinden Menschen, sie schaffen ein gemeinsames Ethos. Sie bestimmen die Kultur einer Gruppe, unabhängig von einzelnen Personen, und damit die Atmosphäre, die Gewohnheiten, die Rituale und das Leben der Gruppe und der Einzelnen. So schrieb beispielsweise bereits der Kaiser Julian an die Priester der Heiden: »Die Christen kümmern sich sowohl um ihre Armen als auch um unsere. Wir müssen mehr Liebe zeigen, sonst lässt sich ihre Ausbreitung nicht aufhalten.«

4. Werte stiften Identität

Aus dieser Kultur heraus entsteht das Gefühl von Heimat und einem Zuhause. Sie umarmt das Erbe der eigenen Geschichte und hält die Erwartungen an die Zukunft wach. Wofür sind wir da, was wollen wir unbedingt noch sehen? Diese Historizität können wir beispielsweise im Judentum erkennen. Die Juden dienen dem »Gott Abrahams, Isaaks und Jakobs« oder erinnern sich an den Auszug aus Ägypten. In der christlichen Tradition beruft man sich auf das Erbe der Kirchenväter oder das anderer inspirierender Persönlichkeiten (Luther, Menno Harms, Wesley, Franziskus ...).

In stabilen Grundüberzeugungen finden wir Ruhe und Schutz. Sie können zu einem Zuhause beitragen und eine tiefe Gewissheit schenken. Geklärte Identität führt aber auch nach vorne und will einen Beitrag leisten im Rahmen der eigenen Stärken und des eigenen Profils.

5. Werte geben Profil

Wenn wir unseren Werten treu sind und konsequente Entscheidungen treffen, dann werden wir von Menschen wahrgenommen werden. Auch die Jesusnachfolger der jungen Kirche wurden einst »die kleinen Christusse« genannt. Daraus ist das Wort »Christ« entstanden. Sie verkörperten die jesusmäßigen Überzeugungen so glaubwürdig und klar, dass ihr Leben und Handeln wahrgenommen wurde.

Ein Fairtrade-Ball, bitte!

Matthias Bühlmann, Vineyard Bern

An einem Freitag holte ich wieder einmal meinen siebenjährigen Neffen von der Schule ab. Das Wochenende stand vor der Tür und er freute sich sehr auf zwei schulfreie Tage. In Windeseile hatte er die Schuhe angezogen, die Schultasche auf den Rücken geschwungen und seinen Fußball in der Hand. Dieses »Ding« bestand mittlerweile nur noch aus einigen Lederfetzen, zwischen denen man das graue Gummi des Innenballes hervorquellen sah. Als ich ihm den Ball abnehmen wollte, protestierte er laut und sagte mir, dass ich ihn nicht zu fest drücken dürfe, da er sonst die Luft verliere. Im Innenball befand sich nämlich ein Loch. Wer selbst Fußball spielende Kinder hat, kann sich vorstellen, wie dieser Ball aussah.

Ich versprach also meinem Neffen, am Nachmittag mit ihm in die Stadt zu gehen und ihm einen neuen Ball zu kaufen. Es sollte aber nicht irgendein Ball werden, sondern ein Fairtrade-Ball, also ein fair gehandelter. Hatte ich doch erst vor Kurzem gehört, dass viele der »Billig-Bälle« von Kindern hergestellt werden. Sollte ich denn einen Ball für meinen kleinen Neffen kaufen, der durch Kinderarbeit entstanden war?

Am Nachmittag machten wir uns auf in die verschiedenen Sportgeschäfte und fragten überall nach Fairtrade-Bällen. In einem Geschäft nach dem anderen schüttelten die Angestellten die Köpfe und sagten uns, dass sie keine solchen Bälle im Sortiment führten. Mein Neffe wurde immer ungeduldiger und ich verlor langsam die Hoffnung. Schließlich war die enttäuschte Reaktion meines Neffen: »Dann kaufen wir heute halt keinen Fußball mehr!« Die letzte Möglichkeit war der Claro-Fairtrade-Laden. Eigentlich wurden dort nur Lebensmittel, Hefte und Geschenkartikel verkauft – wir versuchten trotzdem unser Glück, und siehe da: Wir fanden einen Fairtrade-Fußball! Mein Neffe war glücklich, endlich einen neuen Fußball zu haben, und ich war froh, dass kein Kind den Fußball genäht hatte, mit dem mein Neffe nun spielt.

Das also bedeutet, dass …

* uns Werte antreiben, trotz Widerständen unserer Überzeugung gemäß zu handeln.

WERTE ALS MOTOREN FÜR EINEN JESUS- MÄSSIGEN LEBENSSTIL – ODER: WENN WISSEN, KÖNNEN, WOLLEN UND DÜRFEN ZUSAMMENKOMMEN

HANDELN =
Wissen + Wollen +
Können
+ Dürfen

Werte bringen Menschen in Bewegung. Überzeugungen führen zu Taten. So weit, so gut. Unsere Erfahrung jedoch zeigt auch, dass sich viele Christen schwertun, das umzusetzen, was sie als richtig erkannt haben. Und so seufzen sie gemeinsam mit dem Apostel Paulus: »Ich begreife mich selbst nicht, denn ich möchte von ganzem Herzen tun, was gut ist, und tue es doch nicht. Stattdessen tue ich das, was ich eigentlich hasse« (Römer 7,15; NLB). Wie können wir einen jesusmäßigen Lebensstil verwirklichen?

HANDELN = Wissen + Wollen + Können+ Dürfen

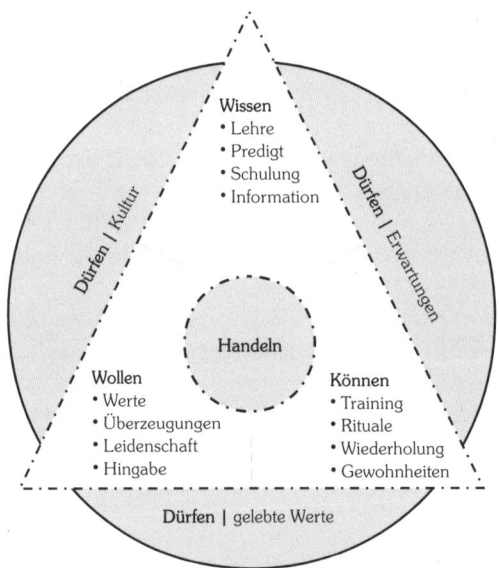

Das Handeln, also jesusmäßiges Leben, entsteht aus dem Zusammenspiel von Wissen, Wollen, Können und Dürfen. Das Wissen ist in der Regel nicht das Problem. Wir haben jede Menge Predigten, Seminare und Schulungen besucht und sind darüber informiert, um was es geht. Wir »wissen«, dass wir von Gott geliebt sind, dass wir eine Berufung haben, wie wir unsere Beziehung zu Jesus gestalten könnten, wie wir uns an Menschen verschenken können ...

Die Herausforderung liegt zum einen im Wollen: Wie stark und klar sind unsere Werte ausgebildet? Das Wollen wird ja auch von unseren Bedürfnissen bestimmt. Wir haben ein Bedürfnis nach Sicherheit, Wohlstand, Anerkennung, Erfolg. Bedürfnisse sind in Ordnung. Jedoch können sie im Widerspruch zu meinen Werten stehen: Ich finde eine Frau attraktiv (Bedürfnis), jedoch bin ich verheiratet und will meiner Frau treu sein (Wert). Ich will Jesus nachfolgen und sein Reich zuerst suchen (Wert), aber ich will auch einen sicheren Arbeitsplatz und zweimal im Jahr in den Urlaub fahren (Bedürfnis). Nicht immer geht es um richtig oder falsch, jedoch werden wir immer wieder ganz praktisch vor die Entscheidung gestellt, ob wir zuerst das Reich Gottes suchen oder lieber in unserer Komfortzone bleiben oder gar die Ordnungen Gottes verlassen.

Die Herausforderung liegt auch im Können. Haben wir die nötigen Gewohnheiten und Fertigkeiten eingeübt, um z.B. regelmäßig in der Bibel zu lesen oder ausreichend Zeit für Jesus fernstehende Freunde zu haben? Oft scheitert es an ganz praktischen Fehlern im Umgang mit der eigenen Zeit und den eigenen Ressourcen. Es gilt, gesunde geistliche Gewohnheiten einzuüben. Wir haben zwölf jesusmäßige Lebensgewohnheiten formuliert – siehe auch Seite 166.

Das Dürfen, also die Kultur, entsteht aus den gemeinsam gelebten Werten. Auch sie können einen jesusmäßigen Lebensstil fördern oder behindern. Es sind die ungeschriebenen Gesetze und oftmals die unausgesprochenen Erwartungen einer Gruppe, die Verhaltensweisen eines Einzelnen verstärken oder abschwächen. Wenn in einer Gruppe monatelang darüber gesprochen und gebetet wird, dass Menschen zu Jesus finden, jedoch niemand Zeit mit Jesus fernstehenden Menschen verbringt, dann ist es unwahrscheinlich, dass dieses Verhalten, obwohl mit Worten thematisiert und gefordert, tatsächlich eintritt.

Wenn wir die Werte in unserem eigenen und gemeinschaftlichen Leben stärken und gute geistliche Gewohnheiten einüben, werden wir eine Dynamik schaffen, die Menschen zu einem jesusmäßigen Lebensstil inspiriert.

WARUM WERTE WIRKLICH WERTVOLL SIND

Das Wesen und die Wirkung von Werten verstehen

▸ Menschen wollen heute selbstbestimmt und nicht fremdbestimmt leben.

▸ Jesusmäßige Werte tragen das Potenzial in sich, plurale und offene Gesellschaften zu prägen.

▸ Die 12er-Bewegung, die Jesus ins Leben rief, zeigt eindrücklich die Auswirkungen gelebter Werte.

▸ Das Wesen von Werten – fünf Merkmale

Werte beruhen auf Überzeugungen. Existenzielle Überzeugungen beschreiben die Kernwerte, alles andere sind Präferenzen.

Werte werden durch Beziehungen und Vorbilder übertragen.

Werte laden zu einer freiwilligen Entscheidung ein (Freiheit).

Werte erfordern eine persönliche Verpflichtung (Verantwortung).

Werte brauchen Erneuerung und Vertiefung, um frisch zu bleiben.

▸ Die Wirkung von Werten – fünf Merkmale

Werte richten aus, wie ein Kompass.

Werte können polarisieren, wenn sie sich selbst treu bleiben.

Werte schaffen eine Kultur und Atmosphäre.

Werte stiften Identität und Heimat.

Werte geben Profil und schaffen Außenwirkung.

Werte als Motoren für einen jesusmäßigen Lebensstil – oder: Wenn Wissen, Können, Wollen und Dürfen zusammenkommen.

▸ Handeln = Wissen + Wollen + Können + Dürfen

Wissen: Lehre, Predigt, Schulung, Information – ist selten das Problem.

Wollen: Werte, Überzeugungen, Leidenschaft, Hingabe.

Können: Training, Rituale, Übung, Gewohnheiten.

Dürfen: Kultur, Erwartungen, gelebte Werte.

▸ Unser Wollen steht oftmals in einem Konflikt zwischen den Werten und unseren Bedürfnissen. Wir stark sind unsere Werte wirklich?

So geht's weiter ...

Persönliches Wertesystem

Ermittle mithilfe der folgenden Werteliste deine wichtigsten persönlichen Werte. Markiere mit einem Leuchtmarker alle Werte, die für dich existenziell, also wirklich wichtig sind.

Anerkennung	Frieden	Lebensstandard	Selbstbestimmung
Arbeit	Führung	Leistung	Selbstgenügsamkeit
Ästhetik	Fürsorglichkeit	Lernen	Selbstlosigkeit
Aussehen	Ganzheitlichkeit	Liebe	Selbstständigkeit
Autonomie	Geborgenheit	Loyalität	Selbstverwirk-
Bekanntheit	Gedankenfreiheit	Lust	lichung
Besser sein	Gefühle	Macht	Selbstwert
Bewegung	Gelassenheit	Meditation	Sicherheit
Bewusstseins-	Genauigkeit	Meinungsfreiheit	Sinngebung
erweiterung	Gerechtigkeit	Mitgefühl	Sinnsuche
Beziehungen	Gesundheit	Moral	Solidarität
Dabei sein	Gewaltfreiheit	Mut	Soziale Verant-
Dazu gehören	Glaube	Nachdenken	wortung
Disziplin	Glaubensfreiheit	Nächstenliebe	Spannung
Echtheit	Gleichberechti-	Naturbewusstsein	Sparen
Ehre	gung	Naturverbunden-	Spiritualität
Ehrlichkeit	Großzügigkeit	heit	Spontaneität
Eigentum	Harmonie	Offenheit	Sport
Eigenverantwortung	Hightech	Optimismus	Status
Einfachheit	Humor	Ordnung	Toleranz
Einfluss	Idealismus	Partnerschaft	Umweltbewusstsein
Entspannung	Individualismus	Politik	Unabhängigkeit
Entwicklung	Integrität	Präzision	Verantwortlichkeit
Erfolg	Intelligenz	Qualität	Vertrauen
Ernährung	Intuition	Rache	Wahrheit
Erotik	Kinder	Reichtum	Weisheit
Ethik	Kompetenz	Reife	Wissen
Fairness	Körperl. Aktivität	Reisen	Wohlbefinden
Familie	Kreativität	Richtiges Maß	Wohlstand
Fantasie	Leben	Risikobereitschaft	Wohnqualität
Figur	Lebensfreude	Romantik	Würde
Freiheit	Lebensqualität	Ruhe	Zufriedenheit
Freude	Lebenssinn		Zuwendung
Freundschaft			

Wähle nun aus den markierten Werten die sieben wichtigsten aus und markiere sie mit den Buchstaben A bis G.

Auswertung Persönliches Wertesystem

Die nächste Übung hilft dir, die Werte in eine Reihenfolge zu bringen. Vergleiche die Werte miteinander. Betrachte das erste Wertepaar (A und B) und entscheide, welcher Wert dir wichtiger ist. Kreise den Buchstaben ein. Mach das mit allen Wertepaaren so. Kreise den jeweils wichtigeren ein.

A/B	A/C	A/D	A/E	A/F	A/G	_____ As
	B/C	B/D	B/E	B/F	B/G	_____ Bs
		C/D	C/E	C/F	C/G	_____ Cs
			D/E	D/F	D/G	_____ Ds
				E/F	E/G	_____ Es
					F/G	_____ Fs
						_____ Gs
Zähle nun die eingekreisten A, B ... G zusammen und schreibe die Summe in die rechte Spalte. Der Buchstabe, der am häufigsten eingekreist ist, stellt die höchste Priorität dar.						Kontrollsumme ist 21

Trage jetzt deine sieben persönlichen Werte auf der nächsten Seite ein. Wir haben ja bereits von Sonntags- und Alltagswerten gesprochen. Für Alltagswerte, die mir tatsächlich wichtig sind, nehme ich mir Zeit und investiere ich Energie. Alles andere sind (fromme) Wünsche, die jedoch nicht vom Leben gedeckt sind. Stelle dir also zu jedem Wert folgende Fragen:

▸ Wie viel **Zeit pro Woche** verbringe ich damit, diesen Wert zu leben, zu stärken oder neue Erfahrungen mit ihm zu machen? Setze ein Plus in die Spalte, wenn du damit zufrieden bist, und ein Minus, wenn du mit der eingesetzten Zeit unzufrieden bist.

▸ Wie viel **Energie** setze ich ein, um diesen Wert zu leben, zu stärken oder neue Erfahrungen mit ihm zu machen? Dies kann im Einzelnen bedeuten, dass ich Geld investiere, mich bewusst beschränke, verzichte oder emotionale Kraft aufwende. Setze ein Plus in die Spalte, wenn du damit zufrieden bist, und ein Minus, wenn du mit dem eingesetzten Geld unzufrieden bist.

MEINE PERSÖNLICHEN WERTE

		Kosten	Finanzen
1.			
2.			
3.			
4.			
5.			
6.			
7.			

Sonntagswerte bewertet mit: - -
Alltagswerte bewertet mit: ++, +- oder -+

- Wie werde ich meine Alltagswerte stärken und in Zukunft leben?
- Wie werde ich dafür sorgen, dass meine Sonntagswerte Zeit und Raum in meinem Leben erhalten?

3. Kernwerte einer Bewegung

Werte kann man nicht lehren,

sondern nur vorleben.

Viktor Frankl

Um was geht es
in diesem Kapitel?

▸ Kernwerte, die Richtung geben

1. Reich Gottes,
   wie Jesus es gelehrt und praktiziert hat

2. Gottes kraftvolle Gegenwart erleben

3. Barmherzigkeit,
   die sich den Menschen zuwendet

4. Heilende Gemeinschaft

5. Erneuerung,
   die Kirche und Gesellschaft durchdringt

KERNWERTE, DIE RICHTUNG GEBEN

Manche Menschen sagen, Werte seien Glaubenssätze und Doktrinen. Doch das stimmt nicht. Werte sind von historischen Doktrinen zu unterscheiden, obwohl sie sicherlich von ihnen abgeleitet und geprägt werden. Eine christliche Doktrin ist beispielsweise die Erwartung der Wiederkunft Jesu. Ein daraus abgeleiteter Wert könnte Hoffnung oder Verantwortung für die Welt sein.

Eine biblische Doktrin ist normativ für alle Christen. Jeder, der die historischen Glaubenssätze und Bekenntnisse, wie sie uns von der Kirche überliefert sind, nicht übernimmt, positioniert sich außerhalb des orthodoxen christlichen Glaubens.

Werte hingegen sind relativer und zeitbezogener. Sie sind Betonungen, Verständnisse, Überzeugungen und Prinzipien, die der Heilige Geist durch eine Mischung von Grundüberzeugungen, Doktrinen, aktuellen Herausforderungen und Themen entstehen lässt. Bestimmte kulturelle und soziologische Trends und Kräfte erwecken bestimmte Fragestellungen innerhalb einer Generation, einer bestimmten Zeit und eines bestimmten Ortes. In der gesamten Kirchengeschichte wurden zu gewissen Zeiten bestimmte Themen besonders hervorgehoben, die dann für spätere Generationen kaum mehr relevant waren oder eine selbstverständliche Bedeutung erhielten. Man denke beispielsweise an die Rechtfertigung durch den Glauben in den Zeiten der Reformation oder die Fragen nach sozialer Gerechtigkeit, die die Theologie der Befreiung in Südamerika in den letzten Jahrzehnten aufgeworfen hat.

Menschen treten immer wieder den Versuch an, die Wahrheit des Evangeliums für sich zu deuten: Wie gewinnt sie für die eigene Generation an Bedeutung, ohne dass man inhaltlich Kompromisse eingeht oder weltliche Werte akzeptiert? Es geht darum, eigene Überzeugungen und Prinzipien zu formulieren, die in echtem Bezug zum Alltag und Leben von heute stehen.

Auf dieser Grundlage entstehen Werte, die in uns schließlich auch eine Dynamik und eine Zeugniskraft nach außen entwickeln. So verändern sich zuerst die Werte der Personen um uns herum und dann auch die der Welt, in der wir leben. Diese Aufgabe hat jede Generation neu zu lösen.

Die Menschen heute haben ein sehr diffuses Weltbild, weil es keine gemeinsam definierten Fixpunkte mehr gibt, die als vorne oder hinten, wahr oder falsch definiert werden. Für uns als Christen jedoch sind ein deutliches und tiefes Verständnis und eine Hierarchie von absoluten, nicht verhandelbaren Aussagen wichtig, weil so die Rolle und das Wesen von Werten offensichtlich werden und noch betont werden.

- **Gott,** der sich in Jesus Christus offenbart, ist die absolute Größe.
- Die **Bibel** ist die Autorität für unseren Glauben und für unser Leben. Sie ist weniger absolut als Gott selbst, weil sie menschlicher Vermittlung und Interpretation bedarf.
- **Historische orthodoxe Doktrinen,** die durch das apostolische, nicäische, athanasische und chaldäische Glaubensbekenntnis entstanden sind, formen die Grundlage unseres Glaubens.
- **Werte,** so wie wir sie verstehen, sind am wenigsten autoritativ. Jedoch sind sie ebenso wichtig. Sie bilden eine inhaltliche Mitte. Sie sind grundlegend, beschreiben die nicht verhandelbaren Aussagen, wenn es darum geht, WIE wir als Jesusnachfolger gemeinsam in einer bestimmten Gemeinschaft, an einem bestimmten Ort und in einem bestimmten historischen Kontext leben.

Werte sind kontextbezogen für eine bestimmte Generation formuliert und können sich im Laufe der Zeit ändern. Sie verbinden und sorgen für ein Familienverständnis, das uns in die Lage versetzt, als Bewegung gemeinsam im Reich Gottes zu leben und zu handeln. So geben sie uns einen gemeinsamen Mittelpunkt, um den herum wir unser Leben und unsere Aktivitäten organisieren und sich unser Denken, unsere Entscheidungen und unser Empfinden konzentrieren.

> Werte verbinden und sorgen für ein Familienverständnis.

Wenn sich nun verschiedene Gruppen, Gemeinschaften und Gemeinden um ein gemeinsames Wertesystem scharen und entsprechend leben, dann ist klar, dass keine Gruppe der anderen gleichen wird. Das gilt besonders dann, wenn diese in fremden kulturellen Kontexten entstehen. Die Werte einer Studentengruppe in Deutschland, einer Sinti-Gemeinschaft

> Gemeinsame Werte ermöglichen Vielfalt und Individualität.

oder einer Gemeinde geprägt vom kleinstädtischen Mittelstand können die gleichen sein, jedoch wird die aktuelle Auslegung dieser Werte unterschiedliche Facetten hervorbringen.

Nehmen wir beispielsweise die Werte Hoffnung und Verantwortung für die Welt. Die Studentengruppe wird das mit Fragen der Berufswahl, der Lebensorientierung verbinden. Die Sinti-Gemeinschaft wird sich vielleicht um ausgegrenzte Sintis kümmern und ihnen Brücken in die Gesellschaft bauen. Und die kleinstädtische Kirchengemeinde wird sich wahrscheinlich kommunaler Fragen annehmen und lokale Projekte unterstützen.

Auf diese Weise schaffen wir Raum für Vielfalt; wir ermöglichen auf der Grundlage gemeinsamer Werte Menschen und Gemeinden, ihre Einzigartigkeit zu entdecken, zu bejahen und auszuleben. Auf diese Weise können unterschiedliche Menschen und Gemeinden die gleichen Grundhaltungen, die gleichen Denkvoraussetzungen und ein gleiches gemeinsames Verständnis von dem haben, was es bedeutet, Gemeinde zu sein.

Je weniger Kernwerte, desto besser.

Wie wir schon gesehen haben, gibt es Kernwerte, die wir als grundlegend wichtig und nicht verhandelbar verstehen. Je weniger Kernwerte, desto besser – dann muss man diese weniger stark durch Verordnungen zusammenhalten. Und desto größer ist die Chance, dass sich echte und tragfähige Beziehungen um diese wenigen grundlegenden Werte herumorganisieren. In der Vineyard-Bewegung beschreiben wir fünf Kernwerte, die uns bestimmen:

1. Das Reich Gottes, wie Jesus lehrte und praktizierte
2. Gottes kraftvolle Gegenwart erleben
3. Barmherzigkeit, die sich den Menschen zuwendet
4. Heilende Gemeinschaft
5. Erneuerung, die Kirche und Gesellschaft durchdringt

Ein Wertesystem hat immer ein Zentrum, das wie ein Magnet Eisenstaub automatisch anzieht. Die Kernwerte stehen in der Mitte, geben Perspektive und Richtung. Daneben gibt es eher flexible und relative Werte, die sich am äußeren Rand befinden.

1. Reich Gottes,

wie Jesus es lehrte und praktizierte

»Wir halten das Reich Gottes für die zentrale Botschaft der Bibel. In der Person Jesu ist das Reich Gottes angebrochen. Er verkörpert es mit Worten, Werken und Wundern. Wir erwarten Zeichen dieses neuen Reiches in der Spannung von ›schon jetzt‹ und ›noch nicht‹ und leben seinen Auftrag mit einer positiven Weltsicht.«[1]

Die Verkündigung Jesu

Es ist heute unbestritten, dass das kommende und zugleich gegenwärtige Reich Gottes das zentrale Thema der Verkündigung Jesu war. Mit dem »nahenden Reich« benutzte er ein politisch hochbrisantes Schlagwort, das die Hoffnungen seiner jüdischen Zeitgenossen auf Befreiung von den Römern und die Wiederherstellung der Souveränität Israels unter der gerechten Herrschaft seines Gottes umfasste.

Jesus sah nicht in den Römern die primären Feinde Israels, die es zu besiegen galt, sondern in Satan und seinen Mächten. Folglich erfülle sich die alttestamentliche Verheißung des Heils und der Wiederherstellung Israels nicht etwa durch gewaltsame Aufstände gegen die Römer, sondern im Wirken Jesu. Auf diese Weise wandte sich Gott den Menschen zu, insbesondere denen, die von der jüdischen Gesellschaft an den Rand gedrängt oder ausgeschlossen worden waren (Sünder, Zöllner, Kranke, dämonisch Belastete). Jesus heilte sie, aß mit ihnen, um ihnen zu zeigen, dass sie von Gott angenommen waren, und sammelte sie. Die entstehende Gemeinschaft war die Sammlung des neuen Israels und stellte bereits damals die künftig vollendete Gemeinschaft Gottes mit den Menschen dar.

Jesus rief Israel zu einer ganzheitlichen Umkehr zu Gott auf: Es sollte sich von seinen Sünden genauso wie von politisch-militärischen Ambitionen abwenden. Darüber hinaus sollte es zu einer neuen ethischen Radikalität und Loyalität gegenüber Jesus als dem Mittler der Gottesherrschaft finden.

---

1 Aus dem Werte-Kompass, dem Leitbild von Vineyard D.A.CH.

Der Anbruch der Gottesherrschaft

Jesus verkündete sowohl das gegenwärtige Anbrechen der Gottesherrschaft als auch deren künftige Vollendung. In so vielfältigen Elementen wie seiner Lehrtätigkeit, seinen Heilungen, dem Austreiben von Dämonen, seiner Zuwendung zu den Armen und Schwachen und seinen Tischgemeinschaften brach nach seinem Verständnis die Gottesherrschaft an, wurde sie gegenwärtig für die Menschen erfahrbar, allerdings anders als von den meisten Zeitgenossen erwartet und auch noch nicht in ganzer Fülle. Doch der Sieg Gottes über seine Feinde vollzog sich bereits (etwa in der Austreibung von Dämonen durch Jesus und seine Jünger) und das für Israel erhoffte und verheißene Heil wurde z.B. in Heilungen und der Umkehr und Annahme von Sündern zumindest an Einzelnen sichtbar, allerdings ohne dass das Joch der Herrschaft Roms abgeworfen worden wäre und ohne eine politisch-geistliche Neugeburt Israels.

Das aus der jüdischen Apokalyptik stammende und auch von Jesus gebrauchte Zeitschema der zwei Zeitalter kann helfen, die Spannung vom Anbruch der Gottesherrschaft in der Gegenwart einerseits und deren Vollendung in der Zukunft andererseits zu illustrieren. Die traditionelle jüdische Erwartung ging davon aus, dass das gegenwärtige Zeitalter böse war: Israel litt und war unterdrückt wie zur Zeit der Knechtschaft in Ägypten. Aber Gott würde durch sein Eingreifen (und teils durch das kräftige Zutun von Menschen) dieses böse Zeitalter ablösen durch ein neues, in dem Gott regieren würde, das also dem Reich Gottes bzw. der erwarteten Heilszeit entspräche.

> Jesus verkündete sowohl das gegenwärtige Anbrechen der Gottesherrschaft als auch deren künftige Vollendung.

Die traditionelle jüdische Erwartung

das kommende Zeitalter
_____

dieses Zeitalter
_____

Jesu Wirken in Israel wandelte dieses Grundschema dahingehend ab, dass bereits die für die künftige Heilszeit erwarteten Segnungen (z.B. Heilungen, die Gabe des Geistes) erfahrbar wurden, jedoch ohne dass dadurch das gegenwärtige böse Zeitalter beendet wurde. Immer noch wurde Israel von den Römern unterdrückt, gab es Leid, Hunger, Ungerechtigkeit. Wir können in diesem Zusammenhang von einer »Erfüllung ohne Vollendung« sprechen.

Wir erleben eine »Erfüllung ohne Vollendung«.

Die Überlappung der Zeitalter in der Verkündigung Jesu

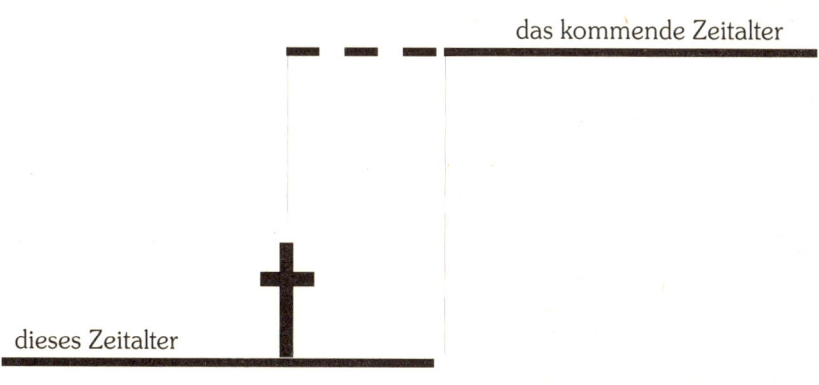

das kommende Zeitalter

dieses Zeitalter

Das Urchristentum hat dieses Schema übernommen. Im Wirken Jesu und insbesondere durch seinen Tod, seine Auferstehung und die Erfahrung der Geistausgießung an Pfingsten ist das neue Zeitalter der Gottesherrschaft angebrochen. Die Umkehrenden sind »herausgerissen aus dem gegenwärtigen bösen Äon« (vgl. Galater 1,4) und leben nun unter der Herrschaft Gottes und bereits im Einflussbereich des Heils. Der Heilige Geist, die Gabe des kommenden Zeitalters schlechthin, ist seit Pfingsten auf alle Glaubenden ausgegossen worden.

Die Zukunft ist Gegenwart geworden. Die Segnungen des Reiches Gottes sind vollgültig da, obwohl die gegenwärtige böse Weltzeit weiter besteht. Die Christen leben nunmehr in der Spannung von »schon jetzt« und »noch nicht«, haben teil an den »Kräften des zukünftigen Äons« (vgl. Hebräer 6,5); und doch leiden sie und sehnen sich mit der gesamten Schöpfung nach der endgültigen Vollendung der Gottesherrschaft und der Überwindung der Feinde Gottes (vgl. Römer 8,18-25; 1. Korinther 15,20-26; Offenbarung 19–21).

PRAKTISCHE AUSWIRKUNGEN

1. Wir dürfen mit Gottes Eingreifen rechnen

Gottes Handeln ist uns nicht verfügbar, jedoch können wir es erwarten und begrüßen.

Das Reich Gottes ist das herrschaftliche Handeln Gottes in dieser Welt. Es markiert eher einen Macht- und Gestaltungsbereich, und keinen geografischen Ort oder gar eine Institution. Sein Handeln ist uns nicht verfügbar, jedoch können wir es erwarten und begrüßen. Gott sucht Beziehung zu seinen Menschen und will Leben mit ihnen teilen im Hier und Heute.

Postmoderne Menschen erwarten nichts mehr von religiösen Angeboten, die sich in Worten erschöpfen. Sie suchen reale Erfahrungen, die etwas mit ihrem Leben zu tun haben. Diese können wir ihnen als Christen vermitteln, wenn wir mit dem Eingreifen Gottes rechnen.

2. Wir sind mit einem Auftrag unterwegs

Die Aufgabe der Gemeinde Jesu ist es, seinen Dienst weiterzuführen. Der Missionsauftrag umfasst die Verkündigung des Evangeliums genauso wie das Heilen von Kranken, die Befreiung von dämonisch Belasteten oder den Dienst an den Armen und Randgruppen. Auf diese Weise sind wir hineingenommen in den fortdauernden Kampf gegen Satan und das Böse in der Welt. Das Reich Gottes wird konkret erfahrbar, wo Menschen sich der Herrschaft Gottes in ihrem Leben unterstellen, wo Liebe, Annahme und Vergebung gelebt werden, wo körperliches oder seelisches Leid geheilt wird, wo Armut oder Hunger bekämpft werden, wo soziales und strukturelles Übel überwunden, wo Gottes Schöpfung als Lebensraum der Menschen bewahrt wird. Auch Zeichen und Wunder wie z.B. Heilungen, die auf Gott hinweisen, sind ein wichtiger sichtbarer Ausdruck der Gegenwart der Gottesherrschaft. Wir führen daher den Auftrag Jesu weiter, indem wir seine Worte weitergeben, seine Werke tun und mit seinen Wundern rechnen.

> Das Reich Gottes wird konkret erfahrbar, wo Menschen sich der Herrschaft Gottes unterstellen.

Die Herausforderung liegt darin, ob ich bereit bin, diesen Auftrag zu leben. Theoretisch klingt das gut. Lasse ich den Schöpfer des Himmels und der Erde dann auch mitbestimmen bei beruflichen Entscheidungen, beim Umgang mit Geld oder wo ich mit meiner Familie wohne? Dieser Auftrag darf keine theoretische Größe sein, sondern muss der bestimmende Faktor in meinem Leben werden. Mit anderen Worten: Jesusnachfolger organisieren ihr Leben um den Auftrag Gottes, anstatt Gott »christlich« in ihr Leben hineinzuorganisieren.

3. Wir leben in der Spannung

Das Ausleben dieses Auftrags – wie die Jesusnachfolge überhaupt – vollzieht sich in der Spannung von »schon jetzt« und »noch nicht«. Mit anderen Worten: Wir strecken uns nach dem Reich Gottes aus und erfahren Kraftwirkungen Gottes: Heilung. Tiefe Veränderung unserer Identität, Überwindung von Übel. Da wir aber weiterhin in einer gefallenen Schöpfung leben, haben wir als Christen wie alle Menschen teil an der Zerbrochenheit dieser Schöpfung. Nicht all diejenigen, für die wir beten, werden geheilt. Nicht

> Als Jesusnachfolger leben wir in der Spannung von »schon jetzt« und »noch nicht«.

jedes Leid wird überwunden, auch in unserem persönlichen Leben gibt es weiterhin einen Kampf gegen Sünde und Versuchung und ein Ringen um eine gesunde Identität. So versuchen wir, diese Spannung bewusst auszuhalten. Eine triumphalistische Überbetonung des »schon jetzt« wie etwa in manchen pfingstlich-charismatischen Kreisen sollte ebenso vermieden werden wie die Reduktion der tatsächlich erlebbaren Gegenwart Gottes im Hier und Heute auf einzelne Teilaspekte.

Diese Spannung ermöglicht es uns auch, nicht zu jeder Frage eine eindimensionale Antwort geben zu müssen. Wir können Dinge stehen lassen und müssen sie nicht einseitig auflösen. Dies ist eine zentrale Voraussetzung für eine Spiritualität, die sich in der Postmoderne zu behaupten hat. Dinge sind nicht so, wie sie eben sind. Jesusnachfolge, die sich in dieser Spannung bewährt, lädt ein, stellt Fragen und fordert heraus. Sie ist nicht thesenhaft und konfrontativ.

4. Wir handeln aus Hoffnung

Die Perspektive des Reiches Gottes vermittelt uns eine positive Weltsicht.

Die Perspektive des Reiches Gottes vermittelt uns eine positive Weltsicht. Weil alles in der Welt positiv ist? Oder weil es schon irgendwie wieder bergauf geht? Nein. Unsere Welt ist durchwoben von Schönem und Hässlichem, Liebevollem und Niederträchtigem, Anmutigem und Abstoßendem. Sie ist die Schöpfung, die sich mit »Seufzen« nach Erlösung sehnt.

Wir dürfen jedoch zuversichtlich sein. Der Messias kam auf die Erde und mit ihm Zeichen dieses neuen Reiches. Wir leben heute in einer Zwischenzeit, in der wir erwarten, dass er eines Tages zurückkehrt und dieses Reich vollkommen aufrichten wird. Dies gibt uns einen Blick über den Tag und über die Situation hinaus. Wir gehen etwas entgegen, das größer ist als jedes Leid, jedes Geschrei und jede Trauer auf dieser Welt. Das ist kein billiger Trost auf das Jenseits, das ist die Hoffnung der Herrlichkeit, die in das Heute hineinscheint. Menschen werden das Salz und das Licht Christi in uns erkennen; wie wir mit dem Dunkel dieser Welt umgehen und wie wir darauf reagieren.

5. Wir lieben die ganze Kirche

Die Kirche Jesu Christi ist eine »Vorwegdarstellung der im Reiche Gottes vollendeten Gesellschaft«[2], sie zeigt also schon jetzt, was einmal sein wird. Die Kirche als die Gemeinschaft derer, die Jesus Christus als Herrn bekennen, ist das Volk der Gottesherrschaft, durch das Gott in besonderer Weise in der Welt wirken will. Durch die Gemeinde soll Gott in der Welt geehrt, sein Wille vollzogen und die Menschheit zu Gott gerufen werden. Sie legt durch ihre Existenz und ihr Handeln zeichenhaft Zeugnis ab für die Liebe Gottes und dafür, wie Gott sich das Miteinander der Menschen in seinem Reich vorstellt. Zeichenhaft deshalb, weil auch die Kirche nur in vorläufiger und unvollkommener Weise dieses Zeugnis sein kann.

Die Kirche Jesu zeigt schon jetzt, was einmal sein wird.

Das Reich Gottes beginnt und endet nicht mit einer einzelnen Gruppierung, Bewegung oder Kirche. Wir wissen uns hineingestellt in die »Wolke der Zeugen« (vgl. Hebräer 12,1). Jeder Aufbruch ist eine Erneuerung dessen, was bereits da ist. Es ist der Strom Gottes durch die Zeit, der seine Absichten durch die Kirche in dieser Welt verfolgt. Deshalb sollten wir das Erbe und die Tradition der verfassten und der freien Kirchen respektieren, die Einheit suchen und von anderen Gliedern des Leibes Christi zu lernen versuchen. Unser Denken und Sprechen über andere Glieder der Kirche sollte von Respekt und Wertschätzung bestimmt sein.

---

2 Wolfhart Pannenberg, Thesen zur Theologie der Kirche, München 1970, S. 9.

WENN SICH REICH GOTTES IM KRANKENHAUS AUSBREITET

Dr. Guido Hausner, Weinstadt-Endersbach

Entgegen manchem Klischee aus Krankenhausserien und Arztromanen besteht auch meine Arbeit – ähnlich wie andere Berufe – aus viel Routine, Verwaltung und Dokumentation. Und in diesem oft trockenen Arbeitsklima, das immer mehr geprägt ist von wirtschaftlichen Zwängen, Personalknappheit und interdisziplinären Kleinkriegen, erlebe ich Gottes Nähe. Vor allem ist das der Fall, wenn wir mit den Grenzen des Lebens konfrontiert werden, wenn durch eine tödliche Diagnose die Endlichkeit eines jeden Lebens ins nahe Blickfeld rückt. Besonders eindrücklich wird dies bei der Arbeit auf einer Station für Krebserkrankungen, wenn die letzten Tage und Stunden begonnen haben und unausgesprochen klar ist, dass es – nach menschlichem Ermessen – kein Zurück mehr gibt.

Sehr bewegt hat mich die Geschichte einer Patientin, ich nenne sie Rebecca, die mir fest in Erinnerung geblieben ist. Eine quirlige, lebensfrohe Frau Ende fünfzig, Anfang sechzig, schon bei der Erstdiagnose von ihrer tödlichen Krankheit gezeichnet. Wir mussten bei ihr einen »müllerschen Mischtumor« diagnostizieren, eine besonders aggressiv verlaufende Form des Eierstockkrebses, zum Zeitpunkt ihrer Diagnose menschlich gesehen unheilbar.

Ich sah Rebecca immer wieder während der gesamten Zeit zwischen Operation und Chemotherapie. Sie wirkte trotz ihrer Krankheit und der anstrengenden Behandlung vital, wach und gab sich kampfbereit und humorvoll. Während der Therapiezyklen konnten wir häufig sprechen, aber Gelegenheiten zu beten oder über den Glauben zu reden ergaben sich nicht. Die letzte Phase verlief für eine chronische, bösartige Erkrankung ungewöhnlich schnell. In diesen Tagen versorgte ich sie alleine auf der Privatstation. Mein Chef war im Urlaub, die Oberärztin nicht abkömmlich. Ich hatte den Eindruck, Rebecca hatte Vertrauen zu mir und schätzte meine Gegenwart. Ich wusste, wie ernst es um sie stand, und konnte doch irgendwie Ruhe und Sicherheit vermitteln. Wahrscheinlich erlitt sie eine Lungenembolie infolge eines

Gefäßverschlusses durch Krebsbefall im Brustkorb. Sie verlor rasch das Bewusstsein und wachte nicht mehr auf. Wir konnten nur noch ihren Ehemann benachrichtigen.

Es war zu diesem Zeitpunkt sehr viel los auf der Station. Eben viele der bereits erwähnten Routinetätigkeiten mussten gemacht werden, Dinge, die unbedingt und sofort erledigt werden sollten. Ganz viel Alltag, währenddessen ein Mensch sein Leben beendete. Rebecca lag mir besonders am Herzen, und ich wusste nicht, ob es ihrem Mann aufgrund der räumlichen Distanz noch gelingen würde, rechtzeitig da zu sein. Daher blieb ich bei ihr, konnte ihre Hand halten und für sie beten. Ich empfand einen unglaublichen Frieden, eine Ruhe und eine besondere Nähe Gottes in diesem Zimmer bei der bewusstlosen und sterbenden Frau, wie ich es selten zuvor erlebt habe. Ich wusste nicht, ob sie Christ war, aber ich spürte, dass sie Frieden mit Gott hatte, dass er da und dass ihre Seele heil war, auch wenn sie sterben musste.

Kurze Zeit danach traf Rebeccas Mann ein und wir konnten, da ich in einem konfessionellen Haus arbeite, eine Nonne hinzuziehen, die seelsorgerlichen Beistand leistete. Als ich später nochmals vorbeischaute, spürte ich in dem Raum trotz der Erschütterung und der Tränen sehr viel Frieden, Trost und Geborgenheit – Gott war präsent. Es war eine besondere, heilige und friedvolle Atmosphäre.

Es gibt auf viele Fragen keine Antworten – zumindest noch nicht –, insbesondere was Leidens-, Schicksals- und Trauerwege einzelner Menschen betrifft. Manchmal bricht das Reich Gottes in Kraft und mit Wundern durch. Manchmal ist es aber eben auch noch nicht ganz da, weil unser Herr noch nicht wiedergekommen ist. Ich denke oft an diese besondere Patientin zurück. Heilung ist nicht immer nur körperliche Gesundung, sondern das Heilwerden des inneren, geistlichen Menschen. Gottes Liebe, Nähe und Hoffnung waren gegenwärtig, besonders in der Stunde ihres Sterbens. Trotz fehlender körperlicher Heilung hat sie Frieden und ihre Seele Heilung erfahren, da bin ich ganz sicher.

Das also bedeutet, dass ...

- sich die Dinge nicht immer so entwickeln, wie wir es uns vorstellen, und wir in unauflösbaren Spannungsfeldern leben.
- Leid und Schmerz zum Leben gehören und wir doch darüber hinaus hoffen und glauben können.
- wir verfügbar sind für Gottes Handeln und mit seiner Gegenwart rechnen, aber gleichzeitig die Spannung aushalten, wenn wir sein Handeln (noch) nicht sehen.

So geht's weiter ...

Reich Gottes, wie Jesus es gelehrt und praktiziert hat

Nachstehende Leitsätze können dir eine Orientierung geben, inwieweit du, deine Kleingruppe oder deine Gemeinschaft diesen Wert lebt. Suche das Gespräch mit anderen und entwickelt eine gemeinsame Sicht der Dinge.

Leitsätze

1. Wir dürfen mit Gottes Eingreifen rechnen:
Wir erwarten heute das Handeln und Reden Gottes. Wir verzichten auf Manipulation und Effekthascherei. Wir leben natürlich übernatürlich.

☐ ja   ☐ eher ja   ☐ manchmal   ☐ eher nein   ☐ nein

2. Wir sind mit einem Auftrag unterwegs:
Wir leben als Nachfolger Jesu, indem wir seine Worte weitergeben, seine Werke tun und mit seinen Wundern rechnen.

☐ ja   ☐ eher ja   ☐ manchmal   ☐ eher nein   ☐ nein

3. Wir leben in der Spannung:

Wir wissen uns hineingenommen in das Spannungsfeld des bereits angebrochenen Reiches (schon jetzt) und der noch ausstehenden Vollendung dieses Reiches bei der Wiederkunft Jesu (noch nicht). Deshalb verzichten wir darauf, alle Fragen nach dem »Warum (lässt Gott das zu)?« beantworten zu wollen.

☐ ja   ☐ eher ja   ☐ manchmal   ☐ eher nein   ☐ nein

4. Wir handeln aus Hoffnung:

Wir handeln in dieser Welt aus einer positiven Sicht der Zukunft heraus.

☐ ja   ☐ eher ja   ☐ manchmal   ☐ eher nein   ☐ nein

5. Wir lieben die ganze Kirche:

Wir wissen uns verbunden mit der ganzen Kirche Jesu Christi. Wir lernen von ihr und respektieren sie mit ihren unterschiedlichen Gaben und Stilen.

☐ ja   ☐ eher ja   ☐ manchmal   ☐ eher nein   ☐ nein

2. Gottes kraftvolle Gegenwart

Wir schätzen Gottes Gegenwart, die stärkt, heilt, befreit und ausrichtet.

»Wir schätzen Gottes kraftvolle Gegenwart, in der wir Vergebung, Heilung und Befreiung erleben. Wir verstehen Gemeinde als Gemeinschaft von Menschen, die sich aus dieser Erfahrung heraus Gottes Willen unterstellen, seine Leitung annehmen und ihr Leben miteinander teilen.«[3]

Die Gegenwart, die der Botschaft Kraft verleiht

Jesu Worte stimmten mit seinen Taten überein.

Jesus von Nazareth kann man in mancher Hinsicht mit vielen anderen Wanderpredigern seiner Zeit vergleichen. Er hatte ein spezifisches Anliegen, scharte Schüler um sich und zog lehrend durch die Gegend. Einen wesentlichen Unterschied stellten die Menschen, seine Zuhörer, jedoch selber fest:

> Jesus kam nach Kapernaum in Galiläa und sprach dort am Sabbat zu den Menschen. Die Zuhörer waren sehr beeindruckt von dem, was er lehrte; denn Jesus redete mit einer Vollmacht, die Gott ihm verliehen hatte (Lukas 4,31-32; HFA).

Diese Vollmacht wurde unter anderem sichtbar, weil die Worte Jesu mit seinen Taten verknüpft waren. Jesus redete über Freiheit, und Menschen wurden von dämonischen Belastungen frei. Er redete über ein neues Reich, in dem alle Menschen gleich sind, und überwand soziale Barrieren, wenn er mit Zöllnern und Prostituierten an einem Tisch saß. Diese Realität einer Präsenz, die über das Menschenmögliche hinausging, zog die Menschen an. Das war schon immer so. Das Volk Israel folgte Gottes Gegenwart in der Wolken- und Feuersäule. Und auch heute kann es geschehen, dass Menschen sich zu dieser Gegenwart hingezogen fühlen.

Mit dieser Vollmacht ist jedoch auch ein Anspruch verbunden. Er ist der König, der Herr (kyrios), der Menschen in seine Nachfolge ruft.

---

3 Aus dem Werte-Kompass, dem Leitbild von Vineyard D.A.CH.

Die Gegenwart, die Richtung gibt

Die Gegenwart Gottes ruft uns in eine Beziehung mit dem dreieinigen Gott. Denn das Geschöpf versteht sich erst als solches in der Gegenwart und im Gegenüber des Schöpfers. Dies hat Folgen für die persönliche und gemeinsame Jesusnachfolge.

Das Proprium (Ureigene) einer christlichen Gemeinschaft sind nicht die Beziehungen, Rituale, Glaubenssätze oder gar die Aktivitäten, sondern Gottes Gegenwart in der Kraft des Heiligen Geistes, die Richtung gibt und den Menschen von seiner Selbstbezogenheit in eine Jesusbezogenheit führt. Oder: Ihn von sich selbst (er)löst hin zu einer bereichernden, ewig andauernden Beziehung zu dem dreieinigen Gott.

> Das Ureigene einer christlichen Gemeinschaft ist die Gegenwart Gottes.

Die Gegenwart, die zum Leben befähigt

Für Menschen von heute, wir stellten es bereits fest, sind Fragen nach Wahrheit, Richtigkeit und Orthodoxie irrelevant oder zumindest nicht wirklich wichtig. Menschen in Zentraleuropa treiben Fragen um wie:

> Jesus wurde nicht Mensch, um all unsere Bedürfnisse zu stillen, sondern um sich mit unserer Zerbrochenheit vollständig zu identifizieren.

- Meine Waschmaschine ist kaputtgegangen und ich habe keine 400 Euro, um mir eine neue zu kaufen. Wie soll ich das nur bewältigen?
- Mein Nachbar macht mir das Leben schwer, weil mein Apfelbaum auf seinem Grundstück Blätter fallen lässt. Wie komme ich da zur Ruhe?
- Ich kann nachts nicht schlafen, weil ich Asthmaanfälle habe. Wie kann ich nur gesund werden?
- Meine Tochter wird in der Schule gehänselt und das macht mir Kummer. Wie kann ich sie stärken?

Jesus wurde nicht Mensch, um all unsere Bedürfnisse zu stillen, sondern um sich mit unserer Zerbrochenheit vollständig zu identifizieren. »Ich bin alle Tage bei euch« (vgl. Matthäus 28,20) ist das Versprechen an uns Menschen. Diese Realität verändert die eigene Perspektive und damit auch die Situation. Die Aufgabe der christlichen Gemeinschaft in der Postmoderne ist es daher, Menschen zu dieser Erfahrung zu verhelfen. Sie werden gerne diesem Jesus nachfolgen, wenn sie erleben, wie sie mit ihm im Alltag bestehen und aus seiner Kraft heraus ihr Leben selbstverantwortlich gestalten können.

Wir sollten also nach Wegen suchen, wie Menschen diese Erfahrung machen können. Verbale Bekenntnisse stehen nicht im Vordergrund, sondern Lebensrealitäten, die Menschen als stärkend und belebend entdecken. Was können wir als Christen dieser Welt geben außer Christus gekreuzigt, auferstanden? Seine Wunden, sein Leiden, sein Gehorsam, sein Leben und seine Ewigkeit.

PRAKTISCHE AUSWIRKUNGEN

1. Wir können Gottes Gegenwart erleben

Gott ist präsent, quer durch Raum und Zeit.

Kennst du den Begriff der »selektiven Wahrnehmung«? Er beschreibt den Umstand, dass wir Menschen die auf uns einströmende Informations- und Signalflut zu filtern haben. Denn es erreichen uns mehr Signale, als wir verarbeiten können. Also wählen wir aus. Normaler Vorgang. Wenn du mit dem Gedanken spielst, einen VW Tuareg (nein, wir bekommen kein Honorar für diese Nennung!) zu kaufen, dann werden die Straßen bald voll sein von diesen Autos. Weil es plötzlich so viele von ihnen gibt? Nein, weil deine Wahrnehmung entsprechend sensibilisiert wurde.

Der Diener Elisas war völlig entmutigt, als er das große Heer der Syrer sah, doch sein Herr war ganz ruhig, weil er eine größere Perspektive hatte (vgl. 2. Könige 5,14-17). Unsere Erwartung bestimmt also unser Handeln. Biblische Personen wie auch Menschen durch die Kirchengeschichte hindurch bezeugen die Gegenwart Gottes. Gott ist präsent, quer durch Raum und Zeit. Die Frage ist, inwieweit wir damit rechnen und uns darauf einstellen.

Wenn Gebetszeiten eingeleitet werden mit Worten wie »Komm, Heiliger Geist!«, so ist das keine magische Formel, um Gott herbeizurufen, sondern vielmehr ein lauterer und leidenschaftlicher Ausdruck eines Herzens, das mit seiner Gegenwart rechnet. Wenn Jesus unter uns weht, können wir mit ihm zusammenarbeiten, um sein Reich auszubreiten. Wir suchen und sehnen uns nach seiner Gegenwart mit dem Ruf der Urkirche: »Komm bald, Herr Jesus.«

Gottes Gegenwart zu erwarten ist das eine, die Bereitschaft sich dieser Gegenwart auszusetzen das andere. Jesus nachzufolgen ist ein Risiko. Petrus musste aus dem Boot steigen und über das Wasser gehen, die Jünger mussten mit einer Handvoll Lebensmittel 5000 Männer mit ihren Familien versorgen und sie wurden zu zweit losgeschickt, ohne Vorräte, um die Werke ihres Herrn in der Fremde zu tun. Wir wissen, dass diese Geschichten alle gut ausgingen. Wie hat sich jedoch Petrus gefühlt, als er den ersten Fuß auf das Wasser setzen wollte?

Jesus nachzufolgen ist ein Risiko.

Gott ist nicht kontrollierbar. Ich höre immer wieder, dass Gott ein Gott der Ordnung ist. Ich werde dabei das Gefühl nicht los, dass man damit sagen will, Gott solle doch bitte die eigene Ordnung aufrechterhalten und nichts durcheinanderbringen. Als Jesus den Gerasener befreite, war das sicher keine ästhetische Angelegenheit. Er heilte die verkrümmte Frau am Sabbat, obwohl es nicht erlaubt war. Wenn Gott handelt, dann kann es sein, dass es nicht unserem Stil, unserer Tradition und unserem Anspruch genügt. David tanzte nackt vor der Lade – peinlich. Hosea heiratete eine Prostituierte – unerhört. Jesus prügelte die Händler zum Tempel hinaus – nun, er hätte doch auch einen Mediator zurate ziehen können, oder?

Wenn wir in unserem Leben die Gegenwart Gottes wollen – persönlich und in der Gemeinschaft –, müssen wir dem Spontanen und Unberechenbaren Raum geben. Dabei suchen wir nicht das Spektakel. Wir verhindern jedoch Gottes ungezügeltes schöpferisches Handeln, wenn Rituale vorgeschoben werden, um Situationen kontrollierbar zu halten.

Wenn wir in unserem Leben die Gegenwart Gottes wollen, müssen wir dem Spontanen und Unberechenbaren Raum geben.

2. Jesus ist der »Eigentümer« der Gemeinde

Wenn wir Gott nicht kontrollieren wollen, dann nicht aus einer Haltung der Beliebigkeit, sondern in Anerkennung der Tatsache, dass Jesus der wahre »Eigentümer« der Gemeinde ist. Nun, rein theologisch wird da niemand widersprechen. Wie sieht denn aber die Praxis aus? Die zentrale Frage ist doch letztlich, wem die Gemeinde gehört und wer sie leitet.

Die frühe Gemeinde, wie sie in der Apostelgeschichte beschrieben ist, wurde von dem auferstandenen Christus und dem Heiligen Geist geführt. Die Kirche hatte Leiter, Pastoren und Älteste, aber auf dem Höhepunkt stand sie augenscheinlich völlig unter der Kontrolle des Heiligen Geistes. Sie war der weiter auf der Erde verbleibende Leib Jesu Christi in dieser Welt und sein Handeln an ihr. Daher können wir mit großer Sicherheit sagen, dass die Leitung Christi durch das Wirken des Heiligen Geistes eine dynamische Erfahrung war, die bei Weitem jedes statische, fixierte oder positionsorientierte Gemeindekonzept und Verständnis von Leiterschaft übersteigt, das wir im biblischen Text zu finden meinen.

Im Laufe der Kirchengeschichte haben sich grundsätzlich drei verschiedene Gemeindeverständnisse und Konzepte herauskristallisiert:

- das apostolische oder episkopale System: Ein hierarchisches Bischofssystem steht über der Gemeinde und trifft alle wichtigen Entscheidungen.
- das presbyterianische System oder Ältestenmodell: Die Gemeinde wird von Ältesten unter der Aufsicht einer meist nationalen Volksversammlung (Synode) geführt.
- das kongregationalistische oder »demokratische« System: Die Autonomie der einzelnen Kirchengemeinde hat oberste Priorität.

Unabhängig nun von der Organisation der Führung stehen Gemeinden in der Gefahr, dass die ursprünglichen Werte und Ziele mit der Zeit aus dem Blick geraten und die Erhaltung des Systems zur obersten Priorität wird. Dies kann bei der Leiterschaft auf der Ebene der Ortsgemeinde zu einem Besitzdenken in Bezug auf die eigene Gemeinde und zu Kontrollsucht führen. Wie gehen wir in diesem Zusammenhang mit der Stelle in Offenbarung 3,20 um?

Merkst du es denn nicht? Noch stehe ich vor deiner Tür und klopfe an. Wer jetzt auf meine Stimme hört und mir die Tür öffnet, zu dem werde ich hineingehen und Gemeinschaft mit ihm haben (HFA).

Einmal angenommen, diese Tür ist die Tür unserer eigenen Gemeinde, unserer Kleingruppe oder die Türe eines Dienstbereiches, den ich verantworte. Wie schnell stehen wir in der Gefahr, die Kontrolle vollständig für uns zu beanspruchen? Wir beschäftigen uns mit Dingen, die uns komplett vereinnahmen und uns unsensibel machen für Jesu Worte der Leitung. Unter so einer Zurückweisung würde Jesus leiden. Aber anstatt uns aus seinem Leib auszuschließen, klopft er an die Tür seiner Gemeinde und ruft laut: »Hallo, kann mich irgendjemand hören bei all dem Krach, den Meetings, den Liedern, den Programmen, dem Gebet, den Treffen, den Ausschüssen – kann mich hier irgendjemand hören? Es ist meine Gemeinde, nicht deine. Ich will sie zurück! Und wenn du meine Stimme hörst, öffne die Türe und erlaube mir zurückzukommen, mit voller Handlungsfreiheit. Und dann werde ich euch alles zur Verfügung stellen, was ich besitze, und wir werden die Dinge gemeinsam diskutieren und gemeinsam handeln.«

Wie oft sind wir mit uns selbst beschäftigt oder selbstzufrieden mit unserem Gemeindebetrieb? Können wir denn gar nicht sehen, wie arm, blind und nackt wir sind? Möglicherweise ist das ein aktuelles, recht akkurates und traurig machendes Bild der Gemeinde an mehr Orten, als uns lieb ist.

3. Jesus ist der Leiter der Gemeinde

Postmoderne Menschen lehnen autoritäre Leitung ab. Sie haben keine Lust auf Bevormundung und darauf, dass ihnen ständig gesagt wird, was sie zu tun haben. Sie wollen sich keinem Missbrauch und keiner doppelbödigen Autorität aussetzen, sondern suchen vielmehr nach einer Leitung, die von Offenheit, Beziehung, Echtheit und Funktionalität geprägt ist. Wir sollten daher in jeder Hinsicht ein »Superstardenken« ablehnen und kein Spiel um Titel, Macht und Formalismen spielen. Es geht vielmehr darum, dass wir mit geistlicher Autorität handeln. Diese entsteht aus einer dienenden Leitungshaltung

Jesus ist der Anfang, der Eigner und das Ziel der Gemeinde. Alles, was geschieht, sollte von ihm ausgehen und auf ihn hinzielen.

heraus und durch die Kraft des Heiligen Geistes in uns, der unseren Charakter formt und seine Gaben gibt.

Wenn Leitung tatsächlich gabenbasiert und gleichzeitig verantwortlich ist und sie Jesus und dem Heiligen Geist maximale Freiheit gewährt, seine Gemeinde zu besitzen, zu leiten und zu gestalten, wird ein bestimmtes System oder Gemeindeverständnis an Wichtigkeit verlieren.

Unsere Aufgabe ist es, unter dieser unsichtbaren Leitung Jesu zu leben. Dadurch ehren wir Jesus als Herrn über die Gemeinde und den Heiligen Geist als den Herrn in der Gemeinde. Jesus ist der Anfang, der Eigner und das Ziel der Gemeinde. Alles, was geschieht, sollte von ihm ausgehen, durch ihn und auf ihn hinzielen.

> *Christus ist das Ebenbild des unsichtbaren Gottes, er war als Erster vor Beginn der Schöpfung da. Durch ihn ist alles erschaffen, was im Himmel und auf der Erde ist: Sichtbares und Unsichtbares, Königreiche und Mächte, Herrscher und Gewalten. Alles ist durch ihn und für ihn geschaffen. Denn Christus war vor allem anderen; und alles besteht durch ihn.*
> *Er ist das Haupt der Gemeinde, die sein Leib ist. Er ist der Ursprung allen Lebens, der auch als Erster von den Toten zu neuem Leben auferstand, damit er in jeder Hinsicht der Erste sei. Denn Gott hat beschlossen, mit seiner ganzen Fülle in ihm zu wohnen. Alles im Himmel und auf der Erde sollte durch Christus mit Gott wieder versöhnt werden, alles hat Frieden gefunden, als er am Kreuz sein Blut vergoss (Kolosser 1,15-20; HFA).*

Wie oft maßen wir uns an, Gottes Handeln unseren Stempel aufzudrücken?

Die Gemeinde gehört nicht dem Leiter oder dem Leitungsteam, nicht dem Pfarrer oder dem Kirchenvorstand oder wem auch immer. Gott muss frei sein, das zu tun, was er in seiner Gemeinde und durch seine Gemeinde tun will.

Wie oft maßen wir uns an, Gottes Handeln unseren Stempel aufzudrücken, gerade wenn es in unseren Augen nicht so toll läuft, wenn wir glauben, wir müssten alles selbst in die Hand nehmen? Oft schon habe ich (Marcus) erlebt, wie beispielsweise ein Hauskreis in einer Gemeinde seit Jahren auf der Stelle tritt. Menschen kommen aus Pflichtbewusstsein oder Gewohnheit zu den Treffen und die Leiter lassen sich immer wieder neue, motivierende Aktionen einfallen, die »Schwung« in die Sache bringen sollen. Warum kann man so einen Kreis nicht mit Würde beenden und gemeinsam darüber nachdenken und beten, was der nächste Schritt sein kann, anstatt eine Gruppe künstlich am Leben zu erhalten?

Auch wenn es von außen gesehen ziemlich schlecht aussieht: Gott ist souverän an der Arbeit und das Reich Gottes lebt. So haben wir umgekehrt auch kein Recht, »etwas Neues« anzufangen, von dem wir behaupten, es käme von Gott, obwohl es doch nur auf unseren eigenen Ideen basiert. Wir sollten vermeiden, unsere eigenen oder veralteten Strategien einfach neu zu verpacken und sie dann als Gottes Pläne zu präsentieren.

Wenn wir es erwarten und zulassen, können wir erleben, wie Gott mit seiner Gegenwart und seiner Herrlichkeit mehr und mehr in die Gemeinde kommt. Somit hat die Leiterschaft einerseits eine große Bedeutung, andererseits aber auch eine große Verantwortung. Wenn wir Gott tatsächlich Gott sein lassen wollen, muss er das tun können, was er möchte, muss er es in einer Weise tun können, wie er es möchte, und er muss es in unserer Mitte tun können. Er sollte nicht durch fixierte, nicht zu diskutierende Liturgien, Regeln, Lehrverfahren, Erwartungen oder unsere kleine Ordnung begrenzt oder »programmiert« werden. Es ist unsere Aufgabe, darauf zu vertrauen, dass er die Zügel der Gemeinde in der Hand hält. Vom Wesen her sind wir »das Volk des Windes« und diejenigen, »die von oben geboren sind« (vgl. Johannes 3,5-8). Es geht darum, dass wir lernen, mit dem unvorhergesehenen Handeln Gottes und mit dem freien Fließen des Geistes zu rechnen, der sein Ziel verfolgt und nicht das unsere. In Bezug auf den Heiligen Geist lässt sich nur eines voraussagen: Man kann nicht voraussagen, was er tun wird!

Es ist zuerst und vor allem unsere Aufgabe, »das Volk seiner Gegenwart« zu sein. So wie bei Mose und dem Volk Israel in der Wüste ist das Einzige, was uns von allen anderen Völkern auf dieser Erde unterscheidet, die augenscheinliche Gegenwart Jahwes mit uns (vgl. 2. Mose 33,14-16). Und was eine Gemeinde zur wirklichen Gemeinde macht, ist seine manifestierte Präsenz.

Wir sind das Volk seiner Gegenwart.

Unser größtes Verlangen sollte Gottes Gegenwart sein. Und unsere größte Furcht sollte sein, Gottes Gegenwart zu verlieren, die Nähe zum Vater.

Diese Gegenwart ist gleichzeitig abhängig davon, dass seine Leute in echten und guten Beziehungen zueinander stehen (vgl. Matthäus 18,15-20). Jesus hat seine Gegenwart versprochen, wenn zwei oder mehr in seinem Namen zusammen sind. Jedoch ist die Voraussetzung, dass sie versöhnt sind. Die Gegenwart Jesu bringt Ruhe, in der wir uns leiten lassen können und nicht getrieben sind (vgl. Matthäus 11,28-30). In diesem Sinne sollten wir mehr eine Gemeinde sein, die von der Gegenwart Gottes geführt wird, als eine Gemeinde, die von ihrer Betriebsamkeit angetrieben wird. Unser größtes Verlangen sollte Gottes Gegenwart sein. Und unsere größte Furcht sollte sein, Gottes Gegenwart zu verlieren.

Nah beim Vater zu sein, ist die Mitte unseres Daseins. Das bedeutet es, Mensch zu sein. Wir sind durch ihn, von ihm und für ihn geschaffen. Unsere größte Furcht sollte daher darin bestehen, in äußerster Dunkelheit weit abseits seiner Gegenwart leben zu müssen. Der gekreuzigte Christus erfuhr diese höllische Gottesferne an unserer statt, als er schrie: »Mein Gott, mein Gott, warum hast du mich verlassen?« Auch der Gebetsschrei Davids in Psalm 51,13 nimmt diesen Gedanken auf. Er betet: »Stoße mich nicht von dir, und nimm deinen Heiligen Geist nicht von mir!« (HFA).

Sind wir ehrlich genug, Versammlungen oder Treffen zu beenden, wenn Gott nicht »auftaucht«?

Stell dir einmal vor, wir würden in dem Moment, in dem Gottes Gegenwart nicht mehr sichtbar ist, den Mut haben, uns das einzugestehen und sie wieder neu zu suchen. Wenn die Hauptsicherung im Gemeindehaus durchbrennt, dann steht der Geschirrspüler, die Tonübertragung streikt und das Licht auf den Toiletten ist auch aus. Alle merken es und man wird sich unverzüglich daran machen, die Ursache zu beheben. Doch wie ist das, wenn der Heilige Geist zu einer bestimmten Zeit nicht mehr da ist, sei es, dass er gekränkt wurde oder aus welchem Grund auch immer: Hören wir dann mit unseren Programmen und Gruppen auf? Haben wir den Mut, z.B. einen Hauskreis wieder aufzulösen, wenn keiner der Mitglieder im Glauben wächst und er zur bloßen Pflichtveranstaltung verkommen ist?

Natürlich, grundsätzlich haben wir das Versprechen Jesu, dass er immer bei uns ist. Gleichzeitig beschreibt er das Wirken des Geistes so, dass er weht, »wo er will«. Durch Unversöhnlichkeit oder Eigennutz beispielsweise können wir den

Heiligen Geist beleidigen (vgl. Epheser 4,30). Jesus konnte in seiner Heimatstadt nicht viele Zeichen tun, weil er nicht viel Glauben vorfand (vgl. Markus 6,4-6). Sein Wirken bleibt uns unverfügbar.

Es lässt sich mit großer Wahrscheinlichkeit sagen, dass viele Gemeinden nicht einmal wissen, ob Gottes Gegenwart unter ihnen ist oder nicht. Der Gemeindebetrieb läuft so oder so, und was ihn am Laufen hält, sind die eigenen Programme, Persönlichkeiten, Macht und Kontrolle. Würden wir es tatsächlich merken, wenn Gott seine Gegenwart wegnähme? Und woran kann man das eigentlich merken? Man könnte es salopp so formulieren: Wenn Christen zusammenkommen, sollte »irgendetwas Erlösendes« passieren. In Gottes Gegenwart werden Menschen freier, heiler, hoffnungsfroher oder erhalten Klarheit und Stärke. Kurz: Es geschieht etwas Lebensstiftendes. Wenn Treffen von Christen ohne diese Qualitäten auskommen, dann sollten wir uns die Frage stellen, ob die Welt nicht auch ohne sie auskommt.

4. Geistliche Leitung ist funktional

Die gefallene menschliche Natur verlangt und sucht nach der Sicherheit von sichtbaren Strukturen, Programmen und einfachen Rezepten, die das eigene Denken ersetzen. Echte Leiterschaft bringt Menschen hervor, die als erwachsene und mündige Jesusnachfolger mit Gott gehen. Als Israel Samuel darum bat, doch einen sichtbaren menschlichen König zu ernennen, so wie sie es von anderen Nationen kannten (vgl. 1. Samuel 8,5-9), ging Jahwe darauf ein. Ihre Bitte war: »Gib uns einen König, der uns führt.« Und Gott antwortete: »Ihr lehnt mich als König und als euren Leiter ab.«

Es ist bemerkenswert, dass Gott einem Menschen die Position des Helden und der Nummer eins gibt. Was für ein schmerzhafter Kompromiss. Es ist Gottes trauriges Zugeständnis an die Unreife der Menschen.

»Gib uns einen König, der uns führt«: Gottes trauriges Zugeständnis an die Unreife der Menschen

Letztendlich wird
nur Gott unsere
Bedürfnisse
befriedigen
können, niemals
Menschen und
nicht einmal
unsere Leiter.

Letztendlich wird nur Gott unsere Bedürfnisse befriedigen können, niemals Menschen und nicht einmal unsere Leiter. Unsere Natur jedoch wird alles daransetzen, nicht aus Glauben zu leben (im Unsichtbaren), sondern weiterhin im Sichtbaren zu bleiben (in den Strukturen, Programmen). Leiterschaft sollten wir allerdings zuerst und vor allem geistlich verstehen. Sie soll Menschen zu Gott ziehen und sie befähigen, sich wiederum Gottes Handeln und seiner Leitung zu unterstellen.

Viele Leiter kommen leider nicht mit ihren eigenen Bedürfnissen nach Macht, Kontrolle, Bedeutung, Anerkennung, Ehrung und Beliebtheit zurecht. Es ist ihnen nicht klar, in welch ungesunden Beziehungen sie oft zu Menschen stehen, für die sie Verantwortung tragen, und später werden sie sich dem harten Gericht Jesu aussetzen müssen. Jesus selbst lehnte es immer wieder ab, von Menschenmengen Ehre und Anerkennung entgegenzunehmen. Gerade das ist in der Gemeinde heute für Leiter ein entscheidender Punkt.

Durch die Tatsache, dass zum einen Christus, der Kopf des Leibes, im Himmel zur Rechten des Vaters sitzt, und zum anderen der Heilige Geist in der irdischen Gemeinde und durch sie handelt, entsteht eine kreative Spannung. Sie wiederum bedingt eine Reihe weiterer Spannungen, die auf den ersten Blick einander ausschließen und widersprechen. Hält man sie jedoch in Balance, stehen sie für das Leben im Leib. Gerade deshalb ist ein gesundes Gleichgewicht so wichtig. Schauen wir uns ein paar dieser Spannungen an:

Kreative Spannungen gilt es
auszuhalten und
positiv zu nutzen.

Einerseits ist die lokale Gemeinde eigenständig, andererseits gehört sie zur Kirche Jesu Christi weltweit (bzw. einer bestimmten Bewegung). Wenn der eine oder der andere Aspekt dominiert, sei es die örtliche Selbstständigkeit oder die Kontrolle durch eine Denomination, dann besteht die Gefahr zum Machtmissbrauch und zu Verletzungen auf breiter Ebene. Dasselbe gilt für den Leiter, der für eine lokale Gemeinde verantwortlich und auch dem Leitungsteam dieser Gemeinde rechenschaftspflichtig ist. Gleichzeitig sollte er einem weiteren Kreis von Leitern der gleichen Gemeindefamilie angehören. Denn wer Autorität ausübt, kann dies langfristig nur in einer gesunden Weise tun, sofern er selbst unter Autorität steht.

Ein weiteres Spannungsfeld besteht zwischen persönlicher Leiterschaft und Teamleiterschaft. Ein wirksamer Leiter handelt und wirkt immer durch ein Team. Gleichzeitig braucht jedes Team einen klar definierten Leiter. Und so entfalten sich hier zwei kreative Spannungsbögen zwischen Leiter und Team sowie zwischen Team und ganzer Gemeinde.

Gottes Stimme und die Richtung, in die wir gehen sollen, werden uns oftmals durch Menschen in der Gemeinde oder durch offensichtliche Schwächen oder Bedürfnisse, die in der Gemeinde entstehen, offenbart. Natürlich kann das genauso durch einen Leiter oder ein Leitungsteam geschehen, sei es durch Offenbarungen, durch eine Vision oder auch durch strategisches Planen. Hier entsteht ebenfalls ein Spannungsbogen: Gott spricht sowohl durch sein Handeln in der Gemeinde als auch direkt zur Leitung. Praktisch kann man diese Spannung leben, indem man sich einander unterordnet, gegenseitig Berufungen anerkennt, einander fördert und die verschiedenen Gaben und Funktionen achtet.

Somit ist geistliche Leitung funktional. Sie bindet sich nicht an Titel und Privilegien, sondern an den Gehorsam gegenüber dem Herrn der Gemeinde und die Bereitschaft, Menschen zu befähigen, unter dieser unsichtbaren Leitung zu leben.

HERZRHYTHMUSSTÖRUNGEN UND DIE GEGENWART GOTTES

Ingrid Schemer, Vineyard Neunkirchen

Es war im November 2007, als mein Herz aus dem gewohnten Rhythmus kam. Zuerst bemerkte ich lediglich ein leichtes Stolpern hie und da, das ich einfach ignorierte. Ich dachte: »Das wird schon wieder weggehen!« In den darauffolgenden Monaten wurde es aber so schlimm, dass es wirklich unerträglich war. Mein Herz rüttelte und schlug mir bis zum Hals. Oft wurde ich dadurch in der Nacht wach und konnte nicht mehr einschlafen. Ich bekam massive Schlafstörungen. Nachts wanderte ich häufig durchs Haus und legte mich völlig erschöpft gegen Morgen wieder ins Bett.

Im Sommer 2008 besuchte ich dann einen Arzt und nach eingehenden Untersuchungen sagte er mir, was ich schon längst wusste: »Sie haben starke Herzrhythmusstörungen.« Ich hatte nun zwei Möglichkeiten: Ich konnte mich der ärztlichen »Maschinerie« anvertrauen und in den nächsten Wochen oder sogar Monaten viel Zeit in Wartezimmern verbringen, oder Gott suchen, um von ihm zu erfahren, was ich tun sollte. Die zweite Möglichkeit schien mir sinnvoller. So fing ich an, Gott zu fragen und ihn um seinen Rat zu bitten. Nicht, dass ich vorher nicht gebetet hätte. Nein, ich hatte sogar sehr verzweifelt gebetet und um Hilfe gefleht. Nun aber war es anders. Ich war an einem Punkt angelangt, wo ich Gott wirklich hören wollte. Ich war am Ende, wollte wissen, was zu tun ist. Ich war auch bereit, ärztliche Hilfe anzunehmen, aber zuerst wollte ich Gott hören.

Am 24.09.08 fing Gott schließlich an, mit mir über mein Herz zu sprechen. Er sagte mir Dinge, die ich nicht erwartet hatte. Es war wieder einmal eine jener Nächte, in denen ich nicht zur Ruhe kam. Ich las wie so oft in der Bibel und betete: »Jesus, wie siehst du mich und mein Leben? Bitte rede mit mir!«

Da hörte ich in meinen Gedanken sofort die Antwort Gottes: »Dein Herz schlägt so unregelmäßig und laut, du kannst es nicht mehr überhören. Bringe Regelmäßigkeit in dein Leben und du wirst sehen, wie sich alles um dich herum klärt. Handle klug und entschieden, und lasse dich nicht irritieren.

Suche regelmäßig mein Angesicht, um zu hören und zu lauschen, wie mein konkreter Rat an dich ergeht, sodass du unerschrocken handeln kannst, im klaren Bewusstsein, dass das, was du tust, mein erklärter Wille ist.«

Diese Worte waren so klar, dass ich sie sofort aufschrieb. Ich wusste, dass Gott geredet hatte, und war tief bewegt. Ich wollte Gottes Angesicht suchen, ich wollte seinen Rat hören. Ich wollte ein klares Bewusstsein seines Willens haben. Ich wollte beharrlich und entschieden den Weg gehen, den er mir zeigte, und mich nicht irritieren lassen.

Von diesem Tag an kam zunehmend Klarheit in mein Herz und meine Gedanken. Mir wurde bewusst, dass ich anfangen sollte, morgens regelmäßig zu einer bestimmten Zeit aufzustehen. So entschied ich, meinen Wecker jeden Morgen auf 7.00 Uhr zu stellen. Mir wurde auch klar, dass ich mir zuerst für mich Zeit nehmen sollte. So machte ich meine Gymnastik, duschte mich in aller Ruhe, genoss eine Stunde Zeit für mich. Dann nahm ich mir eine Stunde Zeit, um in der Bibel zu lesen und Gottes Angesicht zu suchen. Zunehmend erlebte ich Gottes Gegenwart und Nähe. Der erste Schritt war also, die ersten zwei Stunden meines Tages in einen Rhythmus zu bringen. Das war Gottes Rat an mich.

Dann wurde mir klar, dass ich etwas an meinem Lebensstil verändern musste, wollte ich dies wirklich regelmäßig tun. Ich musste überlegen, wann ich ins Bett ging. Darauf hatte ich nie geachtet. Ich ging meistens sehr spät schlafen. Nun setzte ich mir eine bestimmte Zeit. Dann hatte ich den Eindruck, dass Gott mir den Rat gab, vor dem Einschlafen mit ihm über den Tag zu reden und Jesus alles im Gebet abzugeben. Daraufhin bemerkte ich, dass ich besser schlafen konnte. Das Nächste, was mir klar wurde, war: Ich sollte mein Arbeitspensum genau beobachten und bewusst Pausen einplanen, außerdem meine Tätigkeiten insgesamt beschränken. Ich erkannte auch, dass ich meine Aufgaben disziplinierter und konzentrierter angehen und konkret abschließen sollte. Gerade in jener Zeit fiel mir das schwer, weil ständig so viel los war und ich dadurch immer wieder abgelenkt wurde.

Ich merkte, es ging um so viel! Jesus wollte radikal in mein Leben eingreifen. An jedem Wochenende nahm ich mir Zeit, genau hinzuschauen, ob ich den Rat Gottes umgesetzt hatte.

Wenn ich merkte, dass ich in Gefahr war, aus der Regelmä-ßigkeit herauszukommen, analysierte ich, warum dies so war. So zeigte Gott mir noch viele kleine Dinge, die ich in meinem Alltag verändern sollte. Ausgewogenheit zwischen Arbeit und Ruhe, zwischen Alleinsein und Zusammensein mit Menschen, regelmäßig Essen usw.

Nach einigen Wochen gab es Tage, an denen meine Herz-rhythmusstörungen weniger stark waren oder sogar ganz weg. Was aber viel wichtiger war: Ich erlebte intensiv Gottes Gegenwart und Nähe, sein Reden war so klar, seine Liebe so sichtbar für mich. Nach etwa vier Monaten schlug mein Herz wieder im richtigen Rhythmus. Gottes Rat war wirklich gut und sehr wirksam!

Das also bedeutet, dass ...

- Gottes Gegenwart Veränderung schafft, wenn auch nicht immer so, wie wir uns dies vorstellen.
- wir uns manchmal konkret nach ihr ausstrecken und seine Gegenwart suchen müssen.
- wir uns Zeit für ihn nehmen und uns auf ihn und sein Reden einlassen müssen, um ihm näher zu kommen.

So geht's weiter ...

Erleben von Gottes kraftvoller Gegenwart

Nachstehende Leitsätze können dir eine Orientierung geben, inwieweit du, deine Kleingruppe oder deine Gemeinschaft diesen Wert lebt. Suche das Gespräch mit anderen und entwickelt eine gemeinsame Sicht der Dinge.

Leitsätze

1. Wir können Gottes Gegenwart erleben:
Wir lieben es, Gott anzubeten und Raum zu schaffen für seine Gegenwart. Dort erleben wir Vergebung, Heilung und Befreiung.

☐ ja ☐ eher ja ☐ manchmal ☐ eher nein ☐ nein

2. Jesus ist der »Eigentümer« der Gemeinde:
Wir begrenzen ihn nicht durch eigene Vorstellungen und Programme. Wir wollen dorthin gehen, wo Jesus auch ist.

☐ ja ☐ eher ja ☐ manchmal ☐ eher nein ☐ nein

3. Jesus ist der Leiter der Gemeinde:
Wir leben unter seiner Leitung, indem wir auf seine Stimme hören, uns von seinem Geist erfüllen lassen und ihm gehorsam sind.

☐ ja ☐ eher ja ☐ manchmal ☐ eher nein ☐ nein

4. Geistliche Leitung ist funktional:
Wir heißen Gemeindeleitung als Gabe und Geschenk Gottes willkommen. Sie befähigt die ganze Gemeinde, die Werke Jesu zu tun.

☐ ja ☐ eher ja ☐ manchmal ☐ eher nein ☐ nein

3. Barmherzigkeit,
die sich den Menschen zuwendet

»Wir schätzen Gottes barmherzige Zuwendung zu jedem Menschen. Wer sich für diese Barmherzigkeit öffnet, erfährt Heilung und Wiederherstellung. Wir wollen auch andere auf diesem Weg mitnehmen, indem wir uns aktiv um Kranke, Zerbrochene, Arme und Verlorene kümmern.«[4]

Barmherzigkeit, die überrascht

Der Sohn war in der Fremde. An einem Ort der Verzweiflung. Es dämmerte ihm, was er alles vorschnell aufgegeben hatte. Tja, zu Hause war es so viel besser gewesen als bei diesen Schweinen und dem gierigen Bauern. Sollte er es wagen? Wie peinlich. So konnte er doch seinem Vater nicht unter die Augen treten ...

Du kennst die Geschichte aus Lukas 15. Sie bringt die Botschaft des Neuen Testamentes auf den Punkt. Denn es ist die Geschichte der Menschen. Es ist meine Geschichte und es ist deine. Uns ist diese überraschende Barmherzigkeit widerfahren. Der Vater wartet auf uns ... er rennt uns entgegen ... er küsst uns – ein Zeichen innigster Vertrautheit. Diese Grunderfahrung lässt uns von einem liebenden Vater sprechen. In ihr wurzelt unsere Identität. Wir dürfen wissen, dass wir in Ordnung sind, wie wir sind. Leistung muss uns nicht bestimmen, sondern darf Ausdruck unserer Kindschaft sein. Zu dieser Grunderfahrung sind wir ein Leben lang eingeladen. Sie ist kein einmaliges Ereignis, keine Auszeichnung, sondern eine Realität, die immer wieder zu erfahren ist.

Je länger wir unterwegs sind, desto mehr stehen wir in der Gefahr, die Haltung des älteren Bruders anzunehmen: treu unseren Pflichten nachzugehen, die Freude am Vaterhaus zu verlieren ebenso wie die Barmherzigkeit gegenüber dem jüngeren Bruder. Doch was wir selbst erfahren haben, dürfen

---

4 Aus dem Werte-Kompass, dem Leitbild von Vineyard D.A.CH.

wir teilen. Wir können andere an die Orte führen, die für uns selbst entscheidend waren. Menschen, denen wir in dieser Haltung begegnen, werden es uns abnehmen, dass wir nicht unseren eigenen Vorteil suchen oder ein bestimmtes Programm durchziehen. Barmherzigkeit Gottes bedeutet, dass er sich mit dem Menschen und seiner Situation identifiziert. Sonst hätte Jesus auch ein Care-Paket schicken können, und hätte nicht selbst Mensch werden müssen.

Barmherzigkeit, die mobilisiert

Ein Care-Paket schicken also. Doch das hat Jesus nicht gemacht. Er selbst wurde Mensch. Er machte sich auf den Weg. Er verließ die Komfortzone der Dreieinigkeit und ließ sich von uns berühren. Diese Tatsache bewirkt, dass sich Jesusnachfolger seit Entstehung der Kirche zu den Menschen hinbewegen. Den Armen, Kranken und Verlorenen zu dienen, ist natürlicher Ausdruck christlicher Existenz. Motivation und Antrieb dafür sollte allerdings nicht die Not sein, denn sie ist überwältigend groß, sondern die Agape-Liebe, die sich selber verschenkt.

> In einer Zeit, in der Worte an Kraft verlieren, sind es die Taten, die Menschen in ihrem Leben erreichen.

In einer Zeit, in der Worte an Kraft verlieren, sind es die Taten, die Menschen in ihrem Leben erreichen. Unsere Bekannten beobachten unser Leben. Wenn es eine Sprache der Güte, des Teilens und der Großherzigkeit spricht, werden sie uns glauben, dass wir einem Gott dienen, der genau diese Eigenschaften hat.

PRAKTISCHE AUSWIRKUNGEN

1. Wir dürfen nach Hause kommen

Unsere Generation hat so viel Freizeit wie keine zuvor. Es stehen uns alle Möglichkeiten offen, wie wir unserem Beruf nachgehen, wie wir unsere Freizeit verbringen oder wo und wie wir wohnen wollen. Gleichzeitig haben die Menschen immer weniger Zeit und sind rastlos auf der Suche nach Orientierung und festen Größen in ihrem Leben. Das bedeutet, dass ein Mehr an Möglichkeiten nicht automatisch ein Mehr an (gefühlter) Lebensqualität mit sich bringt.

> Menschen kommen mit sich, der Welt und ihrem Gott ins Reine.

Im bereits erwähnten Gleichnis vom verlorenen Sohn wird kraftvoll die eine Sehnsucht des Menschen nach Freiheit und Unabhängigkeit und das Angebot Gottes an uns dargestellt. Nach seiner Rückkehr hatte sein Zuhause eine neue, vertiefte Bedeutung für den Sohn. Er war angekommen. Sein Leben hatte nun einen Fixpunkt. Diese Erfahrung, dass der Vater uns selbst Würde und Wert gibt, können wir weitergeben und teilen. Wir kommen zur Ruhe. Die Suche hat ein Ende. Rastlosigkeit wird eingetauscht in Frieden. Menschen kommen mit sich, der Welt und ihrem Gott ins Reine. Wir erfahren Würde und Wert in der Zuwendung Gottes an uns. Dies gibt uns Halt und Identität.

2. Wir können Wege der Wiederherstellung gehen

Gott will, dass unser menschliches Leben gelingt. Er kommt uns entgegen und schenkt uns sein Vertrauen. Darauf muss der Mensch reagieren. Er muss umkehren und die Verantwortung für sein Leben übernehmen.

Wir machen uns also auf den Weg. Zwar sind wir nicht perfekt, aber wir tragen unseren Teil dazu bei, damit Gott an uns wirken kann. Heilung und Wiederherstellung sind ein Prozess und kein Ereignis. Wir nehmen andere mit auf diese Reise.

Wir sollten den Menschen dabei als Ganzes sehen und ihn nicht als Objekt behandeln. Wenn wir von Heilung und Herstellung sprechen, so betrachten wir nicht nur äußere Symptome. Egal, wie, wo und wie schnell Gott etwas an Menschen tut: Es sollte unsere Absicht sein, dass sich jeder Mensch nach einer Begegnung mit uns geliebt und angenommen fühlt. Sein Verständnis von seiner eigenen Würde und seinem Selbstwert soll und darf durch eine Begegnung mit uns wachsen.

Jesus verließ immer wieder die Menschenmenge, weil er Leidenschaft und Erbarmen für den einzelnen Menschen hatte. Wie ein Hirte suchte er nach den verlorenen Schafen (vgl. Lukas 15,3-7; Lukas 8,40-56). Mitgefühl und Gnade sind die tiefste Natur des Vaters, und damit auch von Jesus (vgl. Lukas 6,36, Matthäus 9,13). Das bedeutet, dass wir Menschen nicht in Schubladen stecken oder ihnen stereotype Etiketten aufdrücken sollten. Stattdessen sollten wir uns darum bemühen, uns Zeit zu nehmen und auch Schwierigkeiten zu akzeptieren, wenn es darum geht, zu entdecken, wie der einzelne Mensch wirklich ist (und uns nicht von Vorurteilen und bestimmten Erwartungen leiten lassen).

Auf diese Weise feiern wir das Geheimnis und die Einzigartigkeit von Gottes Schöpfung, geben dem Menschen seine Würde und seinen Wert zurück, die ihm von Gott her zustehen. Wir übernehmen Verantwortung für unser Leben und verstehen Heilung und Wiederherstellung als einen Weg und Lebensstil.

3. Wir dürfen mit der Heilung von Kranken rechnen

Heilung hat im Alten Testament ihre Wurzeln in dem umfassenden Begriff des Heiles (»shalom«) und im Neuen Testament im ganzheitlichen Verständnis von Erlösung (»soteria«). Beides bezieht sich zum einen auf die Zerbrochenheit und Gefallenheit der Schöpfung und damit des Menschen und zum anderen auf Gottes befreiendes, rettendes, heilendes, wiederherstellendes Eingreifen und Handeln. Es findet auf unterschiedlichen Ebenen statt: geistlich, emotional, geistig, körperlich, sozial, ökonomisch, politisch und ökologisch. Ausgangspunkt ist das Leben und Handeln des Messias Jesus.

> Heilung findet auf unterschiedlichen Ebenen statt: geistlich, emotional, geistig, körperlich, sozial, ökonomisch, politisch und ökologisch.

Im Laufe der Kirchengeschichte wurden das Verständnis von Errettung und das Verständnis von Heilung voneinander getrennt. So unterscheiden zum Beispiel die liberale und die konservative Theologie zwischen dem sozialen Evangelium, also der Befreiung von struktureller Sünde wie beispielsweise Ungerechtigkeit, und dem privaten Evangelium, also der Vergebung von persönlicher Sünde wie beispielsweise Ehebruch. Beide Extreme sind reaktionär, berauben das Evangelium seiner ganzheitlichen Natur und reduzieren es jeweils auf ein einzelnes Kriterium und ein bestimmtes Bedürfnis. Es geht darum, das ganzheitliche Verständnis von Heilung wieder als Willen und Handeln Gottes zu entdecken: Er möchte die Menschheit vollkommen erlösen. Das Heil und die Heilung beziehen sich auf alle Ebenen, die wir bereits benannt haben.

Menschen von heute wurden von Eltern erzogen, die durch den Zweiten Weltkrieg geprägt waren. Die Nachkriegsgeneration sah sich deprimierenden Perspektiven ausgesetzt, beispielsweise der Tatsache, dass die Menschheit erstmals in der Lage war, sich selbst zu zerstören und mit sich den ganzen Planeten. Ein Zeitalter des Fragens, des Suchens nach Richtung und Identität und eines ganz grundlegenden Hungers nach Heilung entstand. Oftmals wird auch von der »Ich-Generation« gesprochen, die zuerst und vor allem den Wunsch hat, sich selber zu verstehen, und die sich nach persönlichem Wachstum und persönlicher Erfüllung sehnt. Gesundheit und Fitness, der Erfahrung und den geistlichen Realitäten kommen eine wichtige Bedeutung zu. Durch die New-Age-Bewegung ist eine unüberschaubare Anzahl von religiösen Techniken und Heilungspraktiken entstanden. Gerade das stellt eine große Herausforderung für die Gemeinde von heute und gleichzeitig eine noch nie da gewesene Gelegenheit für Evangelisation dar.

4. Wir dienen den Armen

Diakonie gehört in die Mitte der christlichen Gemeinschaft.

Christliche Ikonen wie Mutter Teresa oder Jackie Pullinger können uns inspirieren und erinnern uns an den Auftrag Jesu, den »Geringsten« zu sehen, ihn zu besuchen, zu kleiden und zu trösten. Leicht laufen wir jedoch auch Gefahr, den Dienst an den Armen an Vorbildern oder Profis auszurichten, die dazu ausgebildet sind. Das ist nicht nötig. Diakonie gehört jedoch tatsächlich in die Mitte der christlichen Gemeinschaft.

Gibt es in Westeuropa überhaupt so etwas wie Armut? Muss man sich denn wirklich darum kümmern? Die Bibel kennt im Wesentlichen vier Personengruppen, die von Armut betroffen sein können: materiell Arme, Ausländer, Witwen und Waisen.

Es ist wieder einmal eine Frage der Wahrnehmung. Wie berührbar sind wir, wenn ein Mensch in der Fußgängerzone bettelt? Wie sehr abgestumpft haben uns die täglichen Katastrophenstorys aus irgendeinem Weit-weg-Land? Könnten die Witwen der Bibel die alleinerziehenden Mütter sein, die jeden Monat um ihren Lebensunterhalt zu kämpfen haben? Und könnten die Waisen von heute eben jene Kinder sein, die mehrheitlich ohne Vater aufwachsen und zwischen den Patchwork-Familien hin- und herreisen?

Jesus spricht in der Weltgerichtsrede (vgl. Matthäus 25,31-46) davon, dass wir ihm selbst begegnen, wenn wir uns um die Geringsten kümmern. Darin liegt ein tiefes Geheimnis verborgen, das Mutter Teresa einmal so formulierte: »Morgens meditieren wir Jesus und nachmittags gehen wir zu den Armen und schauen, wie er sich angezogen hat.«

Eine Begegnung mit den Geringsten lässt uns nicht unverändert zurück. Wir gehen reicher nach Hause, als wir gekommen sind.

5. Wir suchen die Verlorenen

Die Gleichnisse vom verlorenen Schaf, vom verlorenen Groschen und vom verlorenen Sohn (vgl. Lukas 15) rücken die Suche Gottes nach uns Menschen in den Mittelpunkt. Wer einmal sein Kind in den Wirren eines Rummelplatzes aus dem Blick verloren hat, der weiß, was es heißt, etwas Kostbares zu suchen. Gott macht sich auf den Weg, uns zu suchen – ein Ausdruck seiner Barmherzigkeit.

Praktisch ausleben können wir dies, indem wir Menschen an dem Anteil geben, was Gott in unserem Leben tut. Wenn wir sie mit Gottes Handeln an uns in Verbindung bringen, bekommen sie einen Eindruck davon, wer Gott ist und was er mit ihrem Leben zu tun hat. Wenn Gott heute handelt und wir berufen sind, die Werke Jesu zu tun, dann sollten wir uns zu den Menschen aufmachen. Wir können mit Jesus fernstehenden Menschen beten, sodass sie die Gegenwart Gottes erleben und sich auf den Weg Jesu einlassen wollen.

> Wer einmal sein Kind in den Wirren eines Rummelplatzes verloren hat, der weiß, was es heißt, etwas Kostbares verloren zu haben.

MARYLOU – DIE PROSTITUIERTE

Vreni Kipfer, Vineyard Bern

Seit 1986 arbeite ich unter Prostituierten und anderen Randgruppen. Da ich im Rollstuhl sitze, habe ich einen besonders guten Zugang zu diesen Menschen! Als ich begann, im Rotlichtmilieu zu arbeiten, wusste ich überhaupt nicht, wie ich auf diese Frauen zugehen sollte – mein einziges Vorbild war Jesus, der mit diesen Menschen aß, sie annahm und mit Liebe umgab. Was brauchte ich mehr? Seither arbeite ich in verschiedenen Ländern mit Prostituierten, denn diese gibt es ja leider überall und man muss nicht lange suchen, um sie zu finden.

Eine dieser Frauen war Marylou: eine Prostituierte, die besonders offen für den Glauben war, aber auch in Sadomasochismus und Okkultismus verstrickt war. Marylou hatte Aids. Sie engagierte sich diesbezüglich besonders für andere Prostituierte und gemeinsam mit der Aidshilfe kreierten wir eine Aufklärungsbroschüre.

Marylou liebte auch klassische Musik, und so gingen wir einmal zu dritt (ihr viel jüngerer Mann wurde auch mitgeschleppt!) in ein weihnachtliches Konzert von Bach im Berner Münster. Im Anschluss waren wir noch in einem Restaurant essen. Ihr Mann meinte, er wolle über Weihnachten nach Santo Domingo fliegen, wo es sehr viele Prostituierte gibt. Mir standen alle Haare zu Berge, als Marylou ihrem Mann wohlmeinend nahelegte, ja genügend Kondome einzupacken für diese Reise! Ich war eine solche Art Ehe nicht gewohnt!

Immer wieder hatte ich in einer Vision gesehen, wie Marylou in der Kirche während der Anbetungszeit neben mir saß, darum schmerzte es mich sehr, dass ich sie mit der Zeit aus den Augen verlor. Ich dachte aber noch oft an sie. Ich wusste, dass sie mittlerweile geschieden war und in Genf arbeitete, aber all meine Versuche, sie wiederzufinden, scheiterten. Doch dies hielt mich nicht davon ab, weiterhin für sie zu beten, auch wenn ich nicht einmal wusste, ob sie noch am Leben war. Sie war auf jeden Fall in Gottes Händen.

Eines Tages meldete sich der Leiter unserer Gemeinde bei mir. Er sagte, eine Frau sei zu ihm gekommen, die behauptete, sie sei eine Hexe. Er beschrieb sie mir und ich wusste genau: Das war Marylou! Ich war überwältigt! Meine Gebete hatten mich also wieder zu ihr geführt!

Kurz darauf traf ich sie. Marylou war bereit, ihr Leben Jesus zu übergeben. Ich staunte einmal mehr über Gottes Güte. So gingen wir zusammen zu einem Seelsorger in unserer Gemeinde, mit dem wir beteten. Viele Dämonen mussten gehen und sie erlebte sehr die nötige Befreiung.

Marylou kam in die Gemeinde, wo sie aufgefangen wurde und viele Beziehungen pflegte. In ihrem Leben ging es auch nach der Entscheidung für Jesus noch auf und ab, aber sie blieb bei ihm. Ganz am Anfang fragte sie einmal, ob Jesus wohl etwas dagegen habe, wenn sie noch »ein paar Freier mache«. Sie war nämlich hoch verschuldet. Den Rat, Gott selber zu fragen, setzte sie in die Tat um und schlug die Bibel auf. Sie kannte dieses Buch noch kaum, kam aber prompt auf die Stelle in 1. Korinther 6,18-20, wo Paulus darüber schreibt, dass wir uns keiner sexuellen Unmoral hingeben sollten und dass unser Körper der Tempel des Heiligen Geistes ist.

Jesus hatte ihr geantwortet –, und zwar umgehend! Er nimmt uns und unsere Fragen ernst, auch die einer Prostituierten.

Was mich besonders begeisterte, war, dass sich jetzt meine Vision verwirklichte. Marylou saß während der Anbetungszeit neben mir. Ich war so berührt – immer wieder konnte ich nur darüber staunen, wie Gott gewirkt hatte und noch wirkte. Obwohl sie schon seit einiger Zeit Aids hatte, lebte sie noch außerordentlich lange. Eine Zeitlang wohnten wir sogar im selben Haus.

Eines Tages gab der Leiter unserer Gemeinde unter Tränen bekannt, dass Marylou gestorben war. Kurz vor ihrem Tod hatte sie den Ärzten noch bewiesen, dass Jesus lebt: Sie hatte sehr hohes Fieber, das einfach nicht sinken wollte. Die Ärzte waren auch ratlos. Marylou sagte ihnen, dass sie beten werde, dass Jesus ihr Fieber auf 37 Grad senken solle. Sofort nach ihrem Gebet stieg das Thermometer nur noch auf 37 Grad! Die Ärzte waren erstaunt und konnten sich das Geschehene nicht erklären. Das war typisch für Marylou und ihren kindlichen Glauben. Kurz darauf starb sie.

Das also bedeutet, dass ...

- wir gerufen sind, uns den Menschen zuzuwenden, wie Jesus es getan hat.
- Gott dort, wo wir beginnen, andere mit seinen Augen zu sehen und uns an sie zu verschenken, Menschen berührt und zu ihnen spricht.
- er dranbleibt, auch wenn wir lange nicht sehen, wie unsere Investition in Menschen Frucht bringt.

So geht's weiter ...

Barmherzigkeit, die sich den Menschen zuwendet

Nachstehende Leitsätze können dir eine Orientierung geben, inwieweit du, deine Kleingruppe oder deine Gemeinschaft diesen Wert lebt. Suche das Gespräch mit anderen und entwickelt eine gemeinsame Sicht der Dinge.

Leitsätze

1. Wir dürfen nach Hause kommen: Wir erfahren Würde und Wert in der Zuwendung Gottes an uns. Dies gibt uns Halt und Identität.

☐ ja ☐ eher ja ☐ manchmal ☐ eher nein ☐ nein

2. Wir können Wege der Wiederherstellung gehen:
Wir übernehmen Verantwortung für unser Leben und verstehen Heilung und Wiederherstellung als einen Prozess und einen Lebensstil.

☐ ja ☐ eher ja ☐ manchmal ☐ eher nein ☐ nein

3. Wir dürfen mit der Heilung von Kranken rechnen:
Wir beten für Kranke und erwarten das übernatürliche Eingreifen Gottes. Gleichzeitig begleiten wir kranke Menschen mit Liebe, Geduld und Glauben.

☐ ja ☐ eher ja ☐ manchmal ☐ eher nein ☐ nein

4. Wir dienen den Armen: Wir teilen unser Leben mit den »Geringsten« und setzen uns ein für die Armen, Ausländer und Ausgegrenzten.

☐ ja ☐ eher ja ☐ manchmal ☐ eher nein ☐ nein

5. Wir suchen die Verlorenen: Wir leben und beten mit Jesus fernstehenden Menschen. Wir hoffen, dass sie so die Gegenwart Gottes erleben und sich auf den Weg Jesu einlassen wollen.

☐ ja ☐ eher ja ☐ manchmal ☐ eher nein ☐ nein

4. Heilende Gemeinschaft

Wir schätzen
tragfähige und
ehrliche
Beziehungen.

»Wir schätzen tragfähige und ehrliche Beziehungen, die Brücken bauen. Wir wollen mit dem Einzelnen so umgehen, wie Gott mit uns umgeht: in Liebe, Annahme und Vergebung. Solche Beziehungen schaffen Realität und Vitalität.«[5]

Gott ist ein Gott der Beziehung

Christsein ist kein
religiöses System,
sondern vielmehr
ein Lebensstil, mit
dem wir unsere
Liebe zu Gott
ausdrücken und
uns zu ihm und
den Menschen
aus der Umge-
bung in Be-
ziehung setzen.

Dieser vierte Wert geht zurück auf das Bündnis und die Gemeinschaft zwischen Israel und Jahwe bzw. den Israeliten untereinander. Seine Erfüllung fand dieses Bündnis durch den Messias Jesus und die Gemeinschaft, die er stiftete. Auch das Verständnis des Paulus von »in Christus sein« beschreibt ein grundlegendes persönliches und inniges Verhältnis von Jesus und uns bzw. uns untereinander. Die vertikale Beziehung mit Gott hat ihre praktische Auswirkung in den horizontalen, liebevollen Beziehungen der Menschen untereinander (vgl. 1. Johannes 4,19-21). Christsein ist kein religiöses System, sondern vielmehr ein Lebensstil, mit dem wir unsere Liebe zu Gott ausdrücken und uns zu ihm und den Menschen aus der Umgebung in Beziehung setzen.

Beziehungen
wurden immer
wieder durch
Organisation
und Institution
ersetzt.

Durch die Kirchengeschichte hindurch lässt sich beobachten, wie Beziehungen durch Organisation und Institution ersetzt wurden. Ein schlichtes Beispiel ist die Erfahrung, dass ich mit Menschen in einem Gottesdienst sitze, die ich nicht kenne. Ich nehme mit ihnen das Abendmahl ein, habe aber keine Verbindung mit ihnen im Alltag. Christsein steht so in der Gefahr, auf gemeinsame Veranstaltungen reduziert zu werden, ohne dass »echte« Gemeinsamkeit oder gar Gemeinschaft besteht.

Beziehungsorientiertes Christsein hingegen vollzieht sich auch im Alltag und trifft damit auf die Wirklichkeit. In der Postmoderne sind Menschen auf der Suche nach ehrlichem Engagement und Interesse am anderen. Sie lehnen instrumentalisierende Beziehungen sowie Heuchelei ab. Sie wollen nicht ausgenutzt oder benutzt werden, sondern beteiligt

---

5 Aus dem Werte-Kompass, dem Leitbild von Vineyard D.A.CH.

werden und eigenverantwortlich handeln. Sie suchen Gemeinschaft, die real ist. Tief in uns, im Kern unseres Wesens, steckt ein großer Wunsch nach Bedeutung, nach Innigkeit und nach langfristigen Beziehungen.

Praktische Auswirkungen

1. Menschen kommen vor Methoden

Liebevolle und vertrauensvolle Beziehungen formen uns als Personen. Durch sie klären und schärfen sich unsere Identität und unsere Berufung. Im Gegenüber Gottes entdecken wir, wer wir sind, und in Beziehungen entfalten wir dann diese Entdeckung. Interessant ist, dass Simon Petrus beispielsweise »Simon Barjonah« (Sohn des Jonas) genannt wird und nicht Simon, der Fischer. Seine Herkunft gibt also einen Hinweis auf seine Identität, nicht sein Beruf. Heute definieren wir uns eher über das, was wir tun. Wir leiten unsere Identität von der Bedeutung unserer Arbeit oder unserer Position ab, anstatt von den Beziehungen, die wir leben, oder von dem Charakter, der uns ausmacht. Paulus lehrt uns zuerst das »Sein« und dann das »Handeln«, beispielsweise durch die starke Metapher des Leibes (vgl. 1. Korinther 12,12-31). Wenn ein Glied im Leib herausfindet, dass es ein Finger ist, entdeckt es, wofür es gut ist und was es tun soll. Es versteht, welchen Platz es im Leib hat und wie es mit den anderen Gliedern in Verbindung steht.

Der Leib ist das größere Ganze, in das wir eingebunden sind. Bejahe ich dies und suche ich Kontakt zu denen, mit denen ich verbunden bin, werde ich früher oder später entdecken, wer ich wirklich bin.

Funktionalität und Effizienz gewinnen heute jedoch im (Gemeinde-)Alltag leicht eine Eigendynamik. Aktivitäten, Projekte, Verantwortlichkeiten, Termine und wiederkehrende Veranstaltungen prägen unseren Verantwortungsbereich. Solange sie dazu dienen, Christus groß zu machen und Menschen zu fördern, erfüllen sie ihren Zweck. Wenn sie sich jedoch gegen Menschen richten und nur sich selbst und ihrem Erhalt dienen, werden wir am Auftrag Jesu und an den Menschen schuldig.

> Wenn Systeme sich gegen Menschen richten und nur noch sich selbst und ihrem Erhalt dienen, werden wir am Auftrag Jesu und an den Menschen schuldig.

2. Wir leben aus Gnade

Der Schöpfer betrachtete das Werk seiner Hände und es war gut.

Wert und Würde des Einzelnen gehen zurück auf die Erschaffung des Menschen: »Und siehe, es war sehr gut« (vgl. 1. Mose 1). Der Schöpfer betrachtete das Werk seiner Hände und es war gut. Dieses Gut-Sein verlor seinen Glanz mit der Vertreibung aus dem Garten Eden und der Mensch kämpft seitdem mit Schuld, Scham und Angst. Regeln und Gesetze sollten nun das Leben gelingen lassen. Doch der Mensch schaffte es nicht, ihnen gemäß zu leben.

Erst der neue Adam – Jesus – eröffnete einen neuen Zugang zum Vater. Sein Leben, sein Tod und seine Auferstehung sind das Tor zu einem Leben nicht aus Regeln, sondern aus Gnade. Daher können wir uns an einer Kultur der Gnade orientieren, die das Leben fördert und bejaht. Sie beeinflusst, wie wir uns und andere sehen und wie wir mit ihnen umgehen.

Gesetz und Gnade waren grundlegende Streitpunkte der Reformatoren. Später führte die Betonung der Gnade unter den evangelikalen Erweckungsbewegungen dazu, dass ein verstärktes Verständnis menschlicher Würde entstand und so beispielsweise die Abschaffung der Sklaverei und anderer Unterdrückungsformen gefordert wurde.

Als Jesusnachfolger sind wir verwurzelt in den Aussagen über die Güte Gottes, verkörpert in Jesus, dass Rettung allein durch Gnade und Glaube und nicht durch unsere eigenen noch durch irgendwelche anderen religiösen Werke geschehen kann. Diese Grundhaltung der Gnade beschreibt menschliches Dasein in einer radikalen Weise neu. Sie macht uns zu dem, wer wir in den Augen Gottes sind.

Die Generation nach dem Zweiten Weltkrieg konzentrierte sich vor allem auf persönliche Freiheit für Gruppen oder auch ganze Nationen. Menschliche Würde wahrzunehmen, andere Menschen mit Respekt zu behandeln und nicht funktionale oder dominierende Beziehungen zu leben, bedeutet dieser Generation sehr viel. Sie beschäftigt sich mit ihrer Identität, mit ihrer Beziehung zu sich selbst, mit Befreiung, Gerechtigkeit und Freiheit. Die Feminismus- und Hippiebewegung, Rockmusik, die sexuelle Revolution sowie der »Kampf um Freiheit und Gerechtigkeit« in verschiedenen Ländern sind Zeichen, sind Antworten, die diese Generation für sich fand.

In der Postmoderne wird das Bedürfnis nach Würde und Selbstwert im Angesicht wachsender Armut und lokaler wie globaler Herausforderungen immer größer. Die Bedeutungsleere in den Beziehungen der Menschen, in ihrem privaten oder beruflichen Umfeld, hat sich nur vertieft. Und das trotz steigender Kommunikationsmöglichkeiten. Wir werden diesen Bedürfnissen entgegentreten, wenn wir die Würde und den Wert des Einzelnen neu entdecken, wenn wir ein klares Verständnis von Gottes Güte, seinem Erbarmen und seiner Gnade haben und entsprechend leben.

In der Post-
moderne wird
das Bedürfnis
nach Würde und
Selbstwert immer
größer.

KULTUR DER GNADE ODER DES GESETZES?

Nimm dir ein paar Minuten Zeit, um darüber nachzudenken, in welcher Kultur du lebst: in einer Kultur der Gnade oder in einer Kultur des Gesetzes. Als verantwortliche Christen und/oder Leiter sind wir in der Position, die Kultur in unseren Gemeinschaften und Gruppen zu prägen.

	Gesetz	Gnade
Erlösung durch	Werke	Glaube
Motivation durch	Schuld	Dankbarkeit
Wachstum durch	Leistung	Frucht
Funktion durch	Regeln	Freiheit
Leitung durch	Kontrolle	Dienen
Ergebnisse durch	Manipulation	Verantwortung
Beurteilung durch	Äußerlichkeiten	Innere Haltung
Zugehörigkeit durch	Anpassung	Beziehung
Identität durch	Aktion	Sein
Zufriedenheit durch	Anerkennung	Heil sein
Selbstannahme durch	Vergleich	Annahme
Sicherheit durch	Unterordnung	Vertrauen
Gehorsam durch	Verpflichtung	Liebe
Beziehungen	Eltern – Kind	Erwachsener – Erwachsener

Gnade und Begrenztheit

Jesusmäßiges Selbstbewusstsein speist sich aus dem Wissen um Gottes Weisheit und seine Güte, die durch unsere Stärken und Schwächen hindurch gerade Linien zeichnen kann.

Biblisch gesehen steht unsere menschliche Würde in tiefer Spannung zu unserer menschlichen Verdorbenheit und Begrenztheit. Je mehr wir Gottes Gnade und Güte für unser Leben erkennen, desto mehr werden wir uns unserer Abgründe, unserer Falschheit und unserer Dunkelheit bewusst. Daraus resultiert eine größere Liebe zu Gott, ein klares Verständnis der menschlichen Würde und eine Leidenschaft und ein Wunsch nach ihrer vollkommenen Wiederherstellung. Gleichzeitig ist es eine sehr demütigende Erfahrung, wenn wir erkennen, dass wahres Handeln Gottes aus seiner Gnade und aus unserer Begrenztheit heraus geschieht. So verstehen wir, dass Gottes Stärke sich gerade dann vollkommen entfaltet, wenn wir unsere Schwächen anerkennen. Aus diesem Grund können wir nichts Großartiges für uns selber beanspruchen und wir können auch keine Dinge mit einer siegreichen oder arroganten Haltung in Angriff nehmen. Jesusmäßiges Selbstbewusstsein speist sich aus dem Wissen um Gottes Weisheit und seine Güte, die durch unsere Stärken und Schwächen hindurch gerade Linien zeichnen kann.

Wie ist Jesus nach seiner Auferstehung mit Petrus und seinem Versagen umgegangen? Zwischen ihnen fand ungefähr folgender Wortwechsel statt:

»Liebst du mich wirklich?«

»Ja, Herr, du weißt, dass ich dich liebe – ich habe dich wirklich enttäuscht.«

»Jetzt, da du weißt, wie verletzlich du bist, wo du die Abgründe deines Herzens kennst, kümmere dich um meine Gemeinde und weide meine Lämmer« (nach Johannes 21,15-17).

Menschen, die kein Verständnis für die eigenen Abgründe, für die eigenen Schwächen, für die eigene Begrenztheit haben, mangelt es oftmals an Erbarmen und sie sind hart und lieblos, wenn sie mit anderen umgehen. Sie sehen sie eher als Objekte, denn als Gottes Kinder an, und jegliche Form von Versagen wird im eigenen Leben und natürlich auch im Leben anderer geleugnet. Das führt zu einem künstlichen, arroganten und lieblosen Verhalten.

Gerade wenn wir selber erlebt haben, was es heißt, zerbrochen zu sein, qualifizieren wir uns dafür, dass Gott uns echte Verantwortung in seinem Reich anvertrauen kann, weil wir erst dann anderen Menschen mit einer Haltung von Gnade und Erbarmen begegnen können.

3. Liebe, Annahme und Vergebung prägen uns

Wir sind im »Haus des Vaters« zusammengestellt, um gemeinsam zu leben, denn Gemeinde ist eine Familie – Gottes Familie. Hier leben wir als »Gottes Hausgenossen« (vgl. Epheser 2,19) zusammen. Elternschaft geht von Jesus aus, drückt sich aber auch dadurch aus, dass geistliche Leiter andere fördern, ermahnen und führen. Gott ist Liebe und durch die Liebe untereinander werden alle erkennen, dass wir Jahwes Volk sind, Nachfolger Jesu, die christliche Familie (vgl. Johannes 13,34-35). Eine Gemeinde ist nur so stark wie ihre Beziehungen. Die Qualität unserer Beziehungen bestimmt, wie tief wir Gemeinde erfahren. Es geht darum, Freundschaften zu bauen und unser Herz, unsere Mittel und unser Leben miteinander zu teilen. Dies geht zuerst und vor allem durch ein Umfeld von Liebe, Annahme und Vergebung. Liebevolle Beziehungen können eine revolutionäre Kraft in einer lieblosen Gesellschaft sein und die Menschen ins Reich Gottes ziehen.

Die frühe Gemeinde beschreibt ein inspirierendes Bild von der Familie Gottes. Ihre Mitglieder liebten sich und veränderten so die Welt um sich herum (vgl. Apostelgeschichte 2,44-47; Apostelgeschichte 4,32-37).

Eine Kultur der Liebe, Annahme und Vergebung ist das Proprium der christlichen Gemeinde in dieser Welt. So manche Debatte um die Einzigartigkeit Jesu Christi könnte ihre Relevanz verlieren, wenn Menschen mit dieser Wirklichkeit in Kontakt kommen. Das Konzept der »Vergebung« in der Person Jesus Christus ist einzigartig. Kein anderes philosophisches oder religiöses System sieht Vergebung vor. Was für ein Geschenk und ein Potenzial, Menschen in ein menschenwürdiges Leben einzuladen! Die Auswirkungen dieser Kultur werden wir im kommenden Kapitel noch etwas näher betrachten.

> Eine Gemeinde ist nur so stark wie ihre Beziehungen.

4. Wir handeln selbstverantwortlich und legen gleichzeitig Rechenschaft voreinander ab

Beziehungen vollziehen sich durch liebevolle Kommunikation.

Gemeinschaft entsteht durch Beziehungen, die geprägt sind von Innigkeit, Offenheit, Ganzheit und Reife. Beziehungen wiederum vollziehen sich durch Kommunikation, die liebevoll sein sollte.

Nun, wie lieben wir? Durch persönliche Transparenz. Wenn wir uns an den anderen verschenken und uns mitteilen. Indem wir über unsere Gefühle sprechen, zeigen wir dem anderen, wer wir wirklich sind. Das Größte, was du einem Menschen schenken kannst, ist deine Person. Gleichzeitig ist es das, was dich am meisten Kraft kostet. Doch gerade die eigene Hingabe bewirkt Heilung und Wachstum, weil Menschen ein sicheres Umfeld finden, in dem sie so sein können, wie sie sind. Ein Umfeld, in dem sie Fehler machen dürfen, in dem sie offen und ehrlich sein können, ohne die Angst haben zu müssen, verurteilt, etikettiert oder analysiert zu werden.

Wenn andere wissen, wer man ist, macht man sich verwundbar.

Wir fürchten uns davor, uns selbst zu verschenken, weil wir Angst davor haben, abgelehnt zu werden. Wenn andere wissen, wer man ist, macht man sich verwundbar. Warum? »Ich kenne mich und ich mag mich nicht. Nun, wenn ich dir mein echtes Ich zeige, wirst du mich auch nicht mögen und du wirst mich ablehnen.« Und so verstecken wir uns, spielen Spielchen und kommen den Erwartungen anderer nach, damit sie uns akzeptieren. Aber nur, wenn wir unsere eigenen Gefühle mitteilen und uns selbst in Beziehungen verschenken, wird der andere uns und wir den anderen kennenlernen. Das führt zu Transparenz und gegenseitiger Verantwortlichkeit, Annahme, Vergebung, Sicherheit und Ganzheit.

Reife Beziehungen unter erwachsenen Personen vollziehen sich partnerschaftlich. Sie lassen dem anderen seine Verantwortung und Eigeninitiative, ohne ihn alleine zu lassen. Unreife Beziehungen (Erwachsener – Kind) halten Menschen abhängig und klein. So wird das Kümmern, Helfen, Korrigieren und Beraten zu einem Werkzeug, das Erwachsene davon abhält, eigene Entscheidungen zu treffen, und das die Verantwortung an Leiter, Seelsorger oder gar an Gott delegiert. In der Gemeinschaft hat der Mensch die Möglichkeit, die Konsequenzen seines Handelns zu entdecken und positiv zu verarbeiten. Er wählt eigenständig einen Lebensstil der Selbstverantwortung und der Verbindlichkeit anderen gegenüber.

5. Beziehungen bauen Brücken

Egal wo oder wie, wir treten mit Menschen in Kontakt, sei es real oder virtuell, direkt oder indirekt. Was uns im Hier und Heute hält, ist, dass wir mit Menschen in Verbindung sind und gleichzeitig mit ihren Schmerzen, Schwierigkeiten, Herausforderungen, Freuden, Siegen und Niederlagen.

Das hält unsere Füße fest auf dem Boden. Ehrliche Beziehungen mit anderen sowie auch eine ehrliche Beziehung zu uns selbst bewahren uns davor, in Religiosität oder Übergeistlichkeit abzudriften. Religiöse Heuchelei hat im wirklichen Leben wenig Bestand.

Jesus war sehr radikal und führte ernste Auseinandersetzungen mit den religiösen Juden seiner Zeit. Er forderte und lebte Offenheit, Ehrlichkeit und Klarheit – mit sich selbst, mit Gott und mit anderen. Für uns bedeutet dies, dass wir es ebenfalls vermeiden sollten, Dinge unnötig zu übertreiben, Prozesse anzuheizen, zu puschen, uns selbst in den Vordergrund zu spielen, übertrieben zu werben, Titel zu führen oder so zu tun, als ob Gott tolle Sachen in unserer Mitte täte, es aber offensichtlich nicht der Fall ist. Menschen, die integer sind, führen zusammen und verbinden, statt zu polarisieren und zu spalten.

Auch in der Zeit Jesu wurden Menschen instrumentalisiert, sei es im römischen Herrschaftssystem oder im religiösen System der Juden. So erlaubten es die Repressalien der römischen Besatzer einem Römer jederzeit, einen Juden zu zwingen, beim Tragen seiner Waren zu helfen. (Das ist auch der Hintergrund der »extra Meile«.) Und die kleinlichen Vorschriften der Pharisäer wurden ständig verfeinert, um Gott mehr zu gefallen und ein reineres Leben zu führen. Menschen wurden kategorisiert und aufgrund von Religion, Rasse, sozialer Klasse oder Geschlecht bewertet. Gerade das Thema von Gesetz und Gnade wurde oft in der Auseinandersetzung zwischen Jesus und den Pharisäern aufgegriffen: Barmherzigkeit und Erbarmen versus Gesetzlichkeit, Leistungsorientierung und Etikettierung. Auch Paulus kämpfte für die Freiheit und Identität des Einzelnen in Christus. Und so war das Taufbekenntnis der frühen Kirche: »Es gibt weder Juden noch Heiden, weder Sklaven noch Freie, weder Mann noch Frau, sondern eine neue Schöpfung in Jesus« (vgl. Galater 3,28; Galater 5,1.13; Epheser 2,15-16).

Wir sind frei, Trennendes zwischen Menschen verschiedener religiöser, ethnischer oder sozialer Herkunft zu überwinden.

Das Evangelium überwindet das Unüberwindbare. Jesus war mit Turbo-Kapitalisten, Dirnen, Kindern, politischen Extremisten und Aussätzigen zusammen. Noch am Kreuz stiftete er eine neue geistliche Familie – Johannes und Maria, seine Mutter. Sein Tod am Kreuz zerriss den Vorhang im Allerheiligsten im Tempel – der Weg war frei. Dadurch sind auch wir frei, Trennendes zwischen Menschen verschiedener religiöser, ethnischer oder sozialer Herkunft zu überwinden.

WIE BITTE WIRD MAN EIN GUTER CHRIST?

David Fatzer, Vineyard Bern

Beziehungen und Gemeinschaft waren bereits in den ersten Jahren meines Christseins oft strapazierte Worte. Die Realität sah, trotz ernsthaftester Bemühungen, doch meistens anders aus. In der Vineyard habe ich neue und intensive Dimensionen von Gemeinschaft entdeckt. Im Gottesdienst wurde ich von vielen herzlich begrüßt und schon beim zweiten Besuch in einen Hauskreis eingeladen. Die Sprache der Menschen war schlicht und direkt, aber doch herzlich. Das gefiel mir, so fremd es mir auch war. Ich hängte mich voll rein, war schnell überall dabei und wusste einfach, ich gehöre dazu!

Wie es in meinem Herzen aussah, das wusste zu dem Zeitpunkt allein Jesus. Ich hatte seit der Teeniezeit mit sehr persönlichen Gefühlen und Gedanken zu kämpfen, die ich nicht wollte und über die ich mich nicht zu sprechen traute, denen ich aber insgeheim doch immer mehr Raum gab. Emotional und auch in Beziehungen war ich deshalb je länger je mehr blockiert, lebte gedanklich und später auch physisch in zwei Welten. Wie gut, dass Jesus mich, gerade als meine Beziehungsfähigkeit und mein Gefühlschaos dem Tiefpunkt zustrebten, mitten in diese Gemeinde hineinwarf und begann, die Verkrampfung meines Herzens weichzukneten.

Völlig unerwartet wurde ich in dieser Zeit auf eine Reise mit Martin Bühlmann eingeladen. Er unterstützte zu der Zeit einige Vineyards in Spanien in einer krisenhaften Phase und verbrachte viel Zeit mit den Leitern, um sie zu ermutigen. Er ahnte wahrscheinlich gar nicht, was genau und wie viel er damit auch in mir auf dieser Reise auslöste. In einem dieser Gespräche, die er mit den spanischen Leitern führte, rutschte mir plötzlich die Bedeutung von Liebe, Annahme und Vergebung vom Kopf ins Herz. Der Panzer um mein Herz bekam Risse. Sobald ich zu Hause war, wollte ich mich mit meinem Mentor treffen, ihm alles erzählen. Der reagierte einigermaßen gefasst und war bereit, mir zu helfen. Für mich reichte es aber schon, dass ich mich nach Jahren des Geheimhaltens hatte öffnen können.

Einige Zeit später kam ich in den Genuss einer professionellen Seelsorge. Der Mann half mir Schritt für Schritt, meine Gefühle aufzuarbeiten. Er gab mir Tipps, wie ich mit meiner Freundin, die ich seit Kurzem hatte, an einer offenen Kommunikation arbeiten konnte und wie ich die Beziehungen in meiner Familie und mit meinen Freunden auf eine gute Art vertiefen konnte.

Jesus hat mich nicht einfach geheilt, wie man das vielleicht gerne hören würde. Vielmehr hat er mich auf eine Reise mitgenommen. Mir ist heute mehr denn je bewusst, dass ein Heil- oder Ganzwerden durch das Leben authentischer Beziehungen in Gemeinschaft in Gang gehalten wird, ja sogar erst auf diesem Weg möglich ist. Deshalb bin ich Gott so dankbar für meine Freundin, die meine Frau geworden ist, und für die Freunde, mit denen ich durch liebevolle Beziehungen verbunden bin. Jesus nachzufolgen wäre ohne Gemeinschaft nicht möglich.

Früher habe ich gehofft, dass ich Befreiung erlebe; heute glaube ich, dass dies auch für andere Menschen möglich ist. Er ist gekommen, Gefangene zu befreien und Zerschlagene aufzurichten (vgl. Lukas 4,18 und Jesaja 61,1). Mein Weg war wie der so vieler, die christlich aufgewachsen sind. Verhalten und das richtige Denken standen im Mittelpunkt. Heute erfahre ich durch Gemeinschaft und durch authentische Beziehungen Heilung und Klärung und Reifung. Daraus kann und darf auch eine Änderung im Verhalten wachsen.

Das also bedeutet, dass ...

- wir Beziehungen suchen, die von Vertrauen und Sicherheit geprägt sind.
- Beziehungen, in denen wir uns angenommen fühlen, wie ein heilender Raum wirken.
- authentische Beziehungen ein Prozess des Heil- und Ganzwerdens ermöglichen.

SO GEHT'S WEITER ...

Heilende Gemeinschaft

Nachstehende Leitsätze können dir Orientierung geben, inwieweit du, deine Kleingruppe oder deine Gemeinschaft diesen Wert leben. Suche das Gespräch mit anderen und entwickelt eine gemeinsame Sicht der Dinge.

Leitsätze

1. Menschen kommen vor Methoden:
Wir begegnen den Menschen mit Würde und Respekt. Programme und Methoden dienen dazu, Menschen zu helfen, ihr von Gott gegebenes Potenzial freizusetzen.

☐ ja   ☐ eher ja   ☐ manchmal   ☐ eher nein   ☐ nein

2. Wir leben aus Gnade:
Wir wissen um das menschliche Bedürfnis nach Kontrolle und Sicherheit, das oft zu Gesetzlichkeit führt. Deshalb ermutigen wir einander zu einer Haltung der Gnade und Barmherzigkeit.

☐ ja   ☐ eher ja   ☐ manchmal   ☐ eher nein   ☐ nein

3. Liebe, Annahme und Vergebung prägen uns:
Wir suchen eine Kultur der Liebe, Annahme und Vergebung, die Menschen aufrichtet und Furcht, Scham und Schuld tilgt.

☐ ja   ☐ eher ja   ☐ manchmal   ☐ eher nein   ☐ nein

**4. Wir handeln selbstverantwortlich und legen gleich-
zeitig Rechenschaft voreinander ab:**
Wir leben erwachsene Beziehungen, in denen wir reifen
können. Sie helfen uns, selbstverantwortlich und verbindlich
zu leben.

☐ ja ☐ eher ja ☐ manchmal ☐ eher nein ☐ nein

5. Beziehungen bauen Brücken:
Wir wissen um die Kraft von versöhnenden Beziehungen und
versuchen Trennendes zwischen Menschen verschiedener
religiöser, ethnischer oder sozialer Herkunft zu überwinden.

☐ ja ☐ eher ja ☐ manchmal ☐ eher nein ☐ nein

5. Erneuerung, die Kirche und Gesellschaft durchdringt

Das Leben Gottes vollzieht sich in bestehenden und neuen Formen von Kirche und Gesellschaft.

»Wir nehmen den Auftrag und die Sendung Gottes, sein Leben heute auszubreiten, ernst. Dieses Leben vollzieht sich in bestehenden und neuen Formen von Kirche und Gesellschaft. Darum engagieren wir uns in gesellschaftlichen Fragen in der Hoffnung, unsere Welt positiv mitgestalten zu können.«[6]

Ich bin gekommen ...

Gott macht sich auf den Weg zu den Menschen und seine Bewegung bringt Veränderung und Erneuerung – für uns persönlich, als Gemeinden und in die Welt um uns herum.

Jesus sagt: »Ich bin gekommen, damit sie das Leben in Fülle haben (vgl. Johannes 10,10) ... und ich bin das Leben« (vgl. Johannes 14,6). Jesu Kommen hatte einen Zweck und ein Ziel. Die *Missio Dei* (Sendung Gottes) ist sein Handeln an und in dieser Welt. Gott macht sich auf den Weg zu den Menschen und seine Bewegung bringt Veränderung und Erneuerung – für uns persönlich, als Gemeinden und in die Welt um uns herum. Jesu Gegenwart schafft Leben, sie bejaht den Menschen, sie fördert und ermöglicht neue Dimensionen zu handeln, zu arbeiten und zu leben. Dieses Leben bricht sich seit 2000 Jahren immer wieder neu Bahn und bringt Innovationen und Entwicklungen hervor, die die Menschheit bereichern; das Bildungswesen, die Kultur oder politische und juristische Systeme sind in der Geschichte maßgeblich von Prinzipien des Evangeliums her geprägt worden.

Menschliche Begrenztheit und Fehlbarkeit haben aber auch zu einem Missbrauch dieser erneuernden Kräfte beigetragen und vieles, was im »Namen Gottes« geschah, trug definitiv nicht die Absichten und das Wesen Gottes in sich.

Wer einmal erfasst ist von der Bewegung Gottes zu uns Menschen, der ergreift Verantwortung.

Wer einmal erfasst ist von der Bewegung Gottes zu uns Menschen, wer fasziniert ist von diesem Immanuel – Gott ist mit uns –, der bleibt nicht gleichgültig gegenüber dem Lauf der Dinge, sondern ergreift Verantwortung. Er antwortet buchstäblich mit seinem Leben und seinem Einsatz. »Nur wer

---

6 Aus dem Werte-Kompass, dem Leitbild von Vineyard D.A.CH.

Juden versteckt, der darf auch gregorianisch singen«, so Dietrich Bonhoeffer über das natürliche Miteinander von christlicher Spiritualität und Weltverantwortung.

Das Leben bejahen bedeutet, sich einzumischen

Erneuerung geschah quer durch die Kirchengeschichte hindurch immer wieder und gab der Kirche wie auch der Gesellschaft den Lebensimpuls Gottes für die jeweilige Zeit. So wirkten z.B. die Wüstenväter mit ihrer persönlichen Spiritualität und Weisheit belebend, später die immer wieder neu auftretenden mönchischen Bewegungen wie beispielsweise die der Franziskaner, der Benediktiner oder später der Zisterzienser. Die Reformation brachte eine ganze Fülle von Erneuerungsbewegungen hervor wie die Täufer, die Methodisten oder die evangelikalen Bewegungen, die sich im deutschsprachigen Bereich u.a. in den zwei pietistischen Wellen niederschlugen. Auch ist sie ein Vorläufer der Pfingstbewegung, die weltweit heute zu den am schnellsten wachsenden nichtpolitischen Bewegungen gehört.

Diese Bewegungen hatten unterschiedliche Themen und Erfahrungen im Fokus, waren jedoch immer eine Reaktion auf die gesellschaftlichen Bedingungen ihrer Zeit. Sie griffen ein Defizit auf und deuteten es vor dem Hintergrund des Evangeliums für die Menschen. Dies brachte nicht nur persönliche, sondern eben auch kirchliche und/oder gesellschaftliche Innovationen auf den Weg, von denen die nachfolgenden Generationen noch lange profitieren konnten.

In den letzten Jahren lässt sich ein neues Erwachen der Christen beobachten, die sich aus dem vertrauten Terrain der eigenen Kirchen wagen und von einer defensiven, introvertierten Weltsicht hin zu einer neuen Verantwortung finden, sich der Armen und Entrechteten auf diesem Planeten anzunehmen und die Stimme für die Gerechtigkeit Gottes zu erheben – auch gegen etablierte wirtschaftliche und politische Kräfte. Dieser Mut und dieses Handeln sind inspiriert vom Herrn der Kirche selbst. Unsere Welt ist komplexer denn je und zumindest die westliche Kultur befindet sich mitten in einer Zeitenwende, die mit Unsicherheit und Erschütterungen einhergeht. »Was bedeutet es, Christus für diese Generation zu sein?« Diese Frage Dietrich Bonhoeffers stellt

Erneuerung geschah quer durch die Kirchengeschichte hindurch immer wieder und gab der Kirche wie auch der Gesellschaft den Lebensimpuls Gottes für die jeweilige Zeit.

Mut und Handeln in Bezug auf kirchliche und gesellschaftliche Innovationen sind inspiriert vom Herrn der Kirche selbst.

sich auch uns Jesusnachfolgern heute. Sind wir berührbar für die Not der Welt und übernehmen wir Verantwortung?

PRAKTISCHE AUSWIRKUNGEN

1. Wir finden neue Ausdrucksformen von Kirche

Die Gründung neuer »Biotope der Hoffnung« ist eines der letzten Abenteuer unserer Zeit.

Menschen landauf, landab denken heute über neue Wege nach, wie wir für den postmodernen Menschen geistliche Heimat bauen können. Andere Formen sind im Gespräch wie z.b. missionale Gemeinschaften, Clusters oder Mission Shaped Communities (MSCs).

Die Gründung neuer »Biotope der Hoffnung« ist eines der letzten Abenteuer unserer Zeit. Es ist risikoreich, anspruchsvoll, fordernd, eine Lebensaufgabe und Berufung, für die es sich wirklich zu leben lohnt. Gründung bedeutet jedoch auch oft, zu scheitern – an der eigenen Persönlichkeit, an eigener Selbstüber- oder Unterschätzung der Verhältnisse.

Deshalb ist ein entsprechendes Training[7] und eine gute Begleitung zwar keine Versicherung gegen die Gefahren und Risiken, jedoch eine Unterstützung für eine solide Vorbereitung und Durchführung. Jesus sagt, dass er seine Gemeinde baut. Unsere Aufgabe ist es, »brauchbare« Werkzeuge zu sein. Wir können mit der richtigen Vorbereitung eine gelungene Gründung nicht »machen«. Jedoch können wir eine erfolgreiche Gründung durch mangelnde Vorbereitung verhindern.

Missionswissenschaftlern wie z.B. Donald McGavran haben wir es zu verdanken, dass wir heute wissen, dass die wirksamste Form, ein Land mit dem Evangelium zu durchdringen, die Gründung neuer Gemeinden oder Gemeinschaften ist. Gerade die kleineren Gruppen haben laut Christian A. Schwarz das höchste missionarische Potenzial. Potenzial jedoch bedeutet nicht, dass man es auch automatisch ausschöpft. Gerade wenn die Gründung ad hoc, ohne Vorbereitung oder aus falschen Motiven erfolgt, wird eine neue Gruppe schnell zum Sammelbecken frustrierter Christen werden, anstatt zum Außenposten des Königreiches für die Kranken, Armen und Verlorenen unserer Zeit.

---

7 Das Gründertraining ermöglicht interessierten GründerInnen dazu eine solide entwickelte Begleitung: www.gruendertraining.com

2. Wir erneuern bestehende Formen

Wir lieben, was Jesus liebt. Und er liebt seine ganze Kirche, denn sie trägt seinen Namen. Seit ihren Anfängen hat sich z.B. die Vineyard als Gründungs- und Erneuerungsbewegung verstanden. Ob durch das Gebet für Kranke, die Kultur inniger Anbetung und prophetischen Redens oder die Gemeinde- und Leiterschaftsentwicklung – viele Gruppen, Gemeinden oder Gemeindeverbände und Kirchen haben von den Erfahrungen und der Praxis der Bewegung profitiert und haben belebende Impulse zurück in die eigenen Reihen getragen. Darüber hinaus geht die Vineyard im deutschsprachigen Bereich einen offenen Weg, der das Gründen von Vineyards auch in den verfassten Kirchen[8] vorsieht. Was wir erhalten haben, geben wir weiter, oder wie wir gerne sagen: »Du kannst nur behalten, was du weitergibst.«

Du kannst nur behalten, was du weitergibst.

Diese Haltung sollte uns ebenso dazu ermutigen, von anderen zu lernen und an den Erfahrungen und den Charismen der anderen teilzuhaben. Die Zukunft der Kirche ist ökumenisch. Das bedeutet nicht Einheitsbrei. Es gilt vielmehr, die Vielfalt zu feiern und das Eigene zu bejahen, ohne sich abgrenzen zu müssen. »Wir sind ein Gemüse in der großen Suppe«, so John Wimber, der Gründer der Vineyard. In diesem Sinne ist es Aufgabe aller, ganz und ungeteilt ein Gemüse zu sein.

3. Wir arbeiten kulturübergreifend

Jesus sagte: »Ihr werdet meine Zeugen sein ... bis an die Enden der Welt« (vgl. Matthäus 28,20). In der globalen Kultur von heute können die »Enden der Welt« bereits in der eigenen Stadt beginnen. Menschen mit unterschiedlichsten religiösen und ethnischen Hintergründen haben diversifizierte Lebensformen, Riten und Gewohnheiten. Wir sollten diese Vielfalt umarmen und jesusmäßige Antworten suchen, wie wir Menschen in unseren Ländern oder in ihrer Heimat dienen können. Dabei dürfen wir mit dem spontanen Ausbreiten von Gottes Reich rechnen. Zum Beispiel können wir Entwicklungshilfeprojekte unterstützen, die von einer christlichen Gemeinde und lokaler Leiterschaft getragen sind, oder die

In der globalen Kultur von heute können die »Enden der Welt« bereits in der eigenen Stadt beginnen.

---

8 Mehr zu Vineyards in der Kirche unter www.vineyard-gemeinschaften.de

Gründung von Gemeinden bzw. Gemeindegründungsbewegungen. Multikulturelle Kompetenz könnte eine der Kernkompetenzen von uns Christen sein, sind wir doch eine weltweite Familie.

4. Wir setzen uns für soziale Gerechtigkeit ein

Lasst uns Netzwerke schaffen, um wirtschaftliche und politische Akzente zu setzen, die die Schönheit des Evangeliums widerspiegeln.

Da wir um Gottes Verheißung für diese Welt wissen, ist es auch unsere Aufgabe, uns gegen strukturelle Sünde und jede Form von politischem oder wirtschaftlichem Imperialismus zu verwenden. Stattdessen sollten wir weltweite Initiativen begrüßen, die Welthunger und Armut bekämpfen. So steht eine neue Generation von Menschen auf, die sich globaler und gesellschaftlicher Gerechtigkeit verschreiben und dies auf unverkrampfte und positive Weise tun. Es geht darum, junge und alte Menschen zu motivieren, Verantwortung in Bürgerinitiativen zu übernehmen oder neue, innovative diakonische Projekte zu starten und sich mit Kopf, Herz und der Führung Gottes für Gerechtigkeit einzusetzen. Lasst uns Netzwerke schaffen, um wirtschaftliche und politische Akzente zu setzen, die die Schönheit des Evangeliums widerspiegeln. Es macht wenig Sinn, sich darüber zu beklagen, dass die falschen Menschen falsche Entscheidungen treffen. Es geht vielmehr darum, dass wir aus unserer Perspektive überzeugende Antworten geben, so wie beispielsweise das Mönchtum oder die Väter des Pietismus Bahnbrechendes in der sozialen Verantwortung leisteten.

5. Wir engagieren uns gesellschaftlich

Wir träumen nicht von einem »christlichen Land«, sondern von einem Land, das durchdrungen ist von Menschen, die Jesus nachfolgen und Verantwortung übernehmen.

Ebenso sollten wir Gottes Antworten für lokale, kommunale oder globale Herausforderungen suchen und politische oder kulturelle Verantwortung übernehmen. Wir sprechen bewusst von Engagement und Verantwortung. Das bedeutet jedoch nicht, dass wir einer christlichen Allmachtsfantasie anhängen, die den Versuch unternimmt, zu herrschen und zu kontrollieren. Kirche Jesu Christi ist berufen zu dienen und nicht zu herrschen. Die Macht, sei sie wirtschaftlich oder politisch, und die Kirche bildeten in der Geschichte immer wieder eine unheilige Allianz. Daher sollten wir nicht von einem »christlichen Land« träumen, sondern von einem Land, das durchdrungen ist von Menschen, die an ihrem Ort Jesus nachfolgen und Verantwortung übernehmen. Eine große Aufgabe der Menschheit liegt beispielsweise darin, einen dritten Weg jenseits von Kommunismus und Turbokapitalismus zu finden hin zu einer Ökonomie, die haushalterisch mit Ökologie und Mehrwert umgeht und die den Menschen und seine Motivation berücksichtigt. Wir können Impulse setzen, zeichenhaft leben, sollten dabei um die Vorläufigkeit unserer Einsichten wissen und darum ringen, dass Wort und Tat zusammenfinden – in unserer Nachbarschaft, in unserer Stadt und in unserer Region.

I HAVE A DREAM!

René Steiner, Vineyard Olten

Alles begann mit einer harmlosen Anfrage. »Hilfst du mit, die Evangelische Volkspartei (EVP) im Kanton Solothurn wieder aufzubauen?« Heute, sieben Jahre später, investiere ich etwa zwanzig Prozent meiner Arbeitszeit in die Politik ...

Damals wusste ich sofort, dass ich dabei sein wollte. Denn während meines Theologiestudiums hatte ich begriffen: Die Jünger Jesu kümmern sich nicht bloß um die Kirche, sondern eben auch um Gottes Welt. Mein großes Vorbild: Martin Luther King jr. Seine Worte »I have a dream« sind um die Welt gegangen. Sie stehen für die unerschütterliche Vision eines Mannes, der durch sein Engagement Geschichte geschrieben hat. Ich wollte und will nicht zu den Christen gehören, die sich lieber in Isolation (»Warum sollten wir auf einem sinkenden Schiff Silber polieren?«) oder Imitation (»Nur ja nicht auffallen«) üben. Denn was ist die Folge? »Wenn das Salz aber fade geworden ist, wodurch soll es seine Würzkraft wiedergewinnen? Es ist nutzlos geworden, man schüttet es weg, und die Leute treten darauf herum« (Matthäus 5,13; GNB). Ich möchte den dritten Weg gehen: Infiltration. O-Ton von Jesus: »Man kann Gottes neue Welt auch mit einem Sauerteig vergleichen, den eine Frau unter eine große Menge Mehl mischt, bis alles durchsäuert ist« (Matthäus 13,33; HFA).

Durch mutiges, kreatives und visionäres Engagement der Christen infiltriert das Reich Gottes diese Welt. Nach sieben Jahren Politik weiß ich, wie hart diese Vision manchmal auf dem Boden der Realität aufschlägt. Trotzdem hat es sich gelohnt. Es gibt bereits jetzt bleibende Reich-Gottes-Spuren in unserer Gesetzgebung. Der größte politische Erfolg: Familien, die trotz Erwerbstätigkeit an der Armutsgrenze leben, bekommen heute in unserem Kanton finanzielle Unterstützung. Der Vorschlag kam durch die EVP in die politische Diskussion. Drei andere Parteien haben sich uns angeschlossen und schließlich haben wir die Volksabstimmung deutlich gewonnen.

Noch wichtiger als gewonnene Abstimmungen ist für mich jedoch das »Netzwerken«. Wenn Christen die Gesellschaft nicht als Bedrohung, sondern als Chance und Auftrag sehen, kommen sie immer in Kontakt mit Entscheidungsträgern. Dort entstehen dann Dynamiken des Reiches Gottes, die abseits der offiziellen Politik Menschen bewegen: Gespräche über den Glauben, Vertrauensbildung, die Möglichkeit, für Menschen zu beten. So kam es vor Kurzem dazu, dass Pfarrer und Leiter/innen verschiedener Kirchen in unserer Stadt dem Stadtpräsidenten öffentlich Hände aufgelegt und für ihn gebetet haben. Ohne die Gespräche und das Netzwerken in der Politik während sieben langer Jahre wäre das niemals möglich gewesen.

Ich glaube, die Zeit war selten so günstig wie jetzt: Der Glaube an die prägenden Ideologien des letzten Jahrhunderts ist zerbrochen. Viele Menschen suchen authentische Werte und Spiritualität. Christen sollten sich wieder hinstellen und freundlich, aber deutlich hörbar rufen: »I have a dream.« Und dann sollten sie wie Martin Luther King jr. ihren Worten Taten folgen lassen!

Das also bedeutet, dass ...

- Erneuerung persönliche Schritte nach sich zieht.
- sichtbares Engagement einen langen Atem und tiefe Überzeugungen braucht.
- wir als Jesusnachfolger in unserer Zeit einen Beitrag leisten können.

So geht's weiter ...

Erneuerung, die Kirche und Gesellschaft durchdringt

Nachstehende Leitsätze können dir eine Orientierung geben, inwieweit du deine Kleingruppe oder deine Gemeinschaft diesen Wert leben. Suche das Gespräch mit anderen und entwickelt eine gemeinsame Sicht der Dinge.

Leitsätze

1. Wir finden neue Ausdrucksformen von Kirche:
Wir gründen Gemeinden, weil wir glauben, dass dies ein wirksamer Weg ist, Gottes Reich auszubreiten und Menschen zu einem jesusmäßigen Leben zu inspirieren.

☐ ja ☐ eher ja ☐ manchmal ☐ eher nein ☐ nein

2. Wir erneuern bestehender Formen:
Wir verschenken uns an die ganze Kirche Jesu, indem wir weitergeben, was uns anvertraut wurde. Wir tun dies in einer Haltung von Wertschätzung und Respekt, um zu ermutigen, auszurüsten und zu bevollmächtigen und auch selbst zu empfangen.

☐ ja ☐ eher ja ☐ manchmal ☐ eher nein ☐ nein

3. Wir arbeiten kulturübergreifend:
Wir rechnen mit der spontanen Ausbreitung des Reiches Gottes in anderen Kulturen und Subkulturen. Wir helfen einheimischen Leitern in ihrem kulturellen Kontext, Gemeinden zu pflanzen.

☐ ja ☐ eher ja ☐ manchmal ☐ eher nein ☐ nein

4. Wir setzen uns für soziale Gerechtigkeit ein:
Wir glauben an Gottes Verheißung für diese Welt. Deshalb setzen wir uns ein gegen strukturelle Sünde und jede Form von politischem oder wirtschaftlichem Imperialismus.

☐ ja ☐ eher ja ☐ manchmal ☐ eher nein ☐ nein

5. Wir engagieren uns gesellschaftlich:

Wir suchen Gottes Antworten für lokale, nationale oder globale Herausforderungen und übernehmen politische, kulturelle und soziale Verantwortung. Wir nehmen unsere Gesellschaft nicht in erster Linie als Bedrohung, sondern als Chance und Auftrag wahr.

☐ ja ☐ eher ja ☐ manchmal ☐ eher nein ☐ nein

KERNWERTE EINER BEWEGUNG

1. Reich Gottes, wie Jesus es gelehrt und praktiziert hat

Wir halten das Reich Gottes für die zentrale Botschaft der Bibel. In der Person Jesu ist das Reich Gottes angebrochen. Er verkörpert es mit Worten, Werken und Wundern. Wir erwarten Zeichen dieses neuen Reiches in der Spannung von »schon jetzt« und »noch nicht« und leben seinen Auftrag mit einer positiven Weltsicht.

2. Gottes kraftvolle Gegenwart

Wir schätzen Gottes kraftvolle Gegenwart, in der wir Vergebung, Heilung und Befreiung erleben. Wir verstehen Gemeinde als Gemeinschaft von Menschen, die sich aus dieser Erfahrung heraus Gottes Willen unterstellen, seine Leitung annehmen und ihr Leben miteinander teilen.

3. Barmherzigkeit, die sich den Menschen zuwendet

Wir schätzen Gottes barmherzige Zuwendung zu jedem Menschen. Wer sich für diese Barmherzigkeit öffnet, erfährt Heilung und Wiederherstellung. Wir wollen auch andere auf diesem Weg mitnehmen, indem wir uns aktiv um Kranke, Zerbrochene, Arme und Verlorene kümmern.

4. Heilende Gemeinschaft

Wir schätzen tragfähige und ehrliche Beziehungen, die Brücken bauen. Wir wollen mit dem Einzelnen so umgehen, wie Gott mit uns umgeht: in Liebe, Annahme und Vergebung. Solche Beziehungen schaffen Realität und Vitalität.

5. Erneuerung, die Kirche und Gesellschaft durchdringt

Wir nehmen den Auftrag und die Sendung Gottes, sein Leben heute auszubreiten, ernst. Dieses Leben vollzieht sich in bestehenden und neuen Formen von Kirche und Gesellschaft. Darum engagieren wir uns in gesellschaftlichen Fragen in der Hoffnung, unsere Welt positiv mitgestalten zu können.

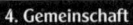
4. Formen von Gemeinschaft

> *Wenn wir uns einig sind, gibt es wenig,*
> *was wir nicht können. Wenn wir uneins sind,*
> *gibt es wenig, was wir können.*
>
> John F. Kennedy

Um was geht es in diesem Kapitel?

▸ Grundformen gemeinschaftlichen Lebens:
geregelte Gruppen, offene Gruppen und zentrische
Gruppen

▸ Beziehungen in einer Gemeinschaft:
Liebe, Annahme, Vergebung und D.A.N.K.!

▸ Vision stiftet Gemeinschaft mit Richtung –
Mit Gottes Perspektive die Welt sehen

GRUNDFORMEN GEMEINSCHAFTLICHEN LEBENS: GEREGELTE GRUPPEN, OFFENE GRUPPEN UND ZENTRISCHE GRUPPEN

»Es ist nicht gut, dass der Mensch alleine sei.« So heißt es schon auf den ersten Seiten der Bibel und dieser Satz steht für ein tiefes Bedürfnis des Menschen: das Bedürfnis nach Gemeinschaft. Wie kann nun christliche Gemeinschaft in der Postmoderne aussehen? Wenn sie nicht aus überhöhten Idealen, sondern aus einer gemeinsamen Realität lebt?

Gemeinschaft ist ein Grundbedürfnis des Menschen.

Bereits seit den Anfängen der Vineyard wurde mithilfe soziologischer Modelle, die sich die Grundideen der mathematischen Mengenlehre zunutze machen, zu erklären versucht, wie Jesusnachfolger gemeinsam leben können. Diese Modelle sind eine wertvolle Hilfe, um das Wesen und Grundverständnis verschiedener Gruppen zu charakterisieren. Dabei werden Aspekte des gemeinschaftlichen Lebens beschrieben und wie sich Personen in Bezug zur Gruppe sehen. Sie stellen darüber hinaus dar, wie sich Menschen mit anderen außerhalb der Gruppe verstehen. So werden verschiedene Sichtweisen und Dynamiken aufgezeigt, die für das Menschenbild, das Führungsverständnis und die Entwicklung von Gemeinden oder Gemeinschaften von Bedeutung sind. Wir unterscheiden hier nun folgende Formen von Gemeinschaft: geregelte Gruppen, offene Gruppen und zentrische Gruppen.

Geregelte Gruppen

Mitte des 19. Jahrhunderts formulierte der deutsche Mathematiker Georg Kantor Mengen, die Elemente erhalten. Um Teil einer Menge zu sein, muss ein Element bestimmte Kriterien erfüllen. Erfüllt es diese nicht, ist es nicht Teil der Menge. Ein Objekt, das rund ist, zur Gattung der Früchte gehört, ein Kerngehäuse besitzt und vom Baum geerntet wird, ist ein Apfel. Jedes Objekt, das diese Kriterien erfüllt, ist ein Apfel.

Geregelte Gruppen haben klare Kriterien und Definitionen.

Geregelte Gruppen bilden sich durch bestimmte Kriterien. Auf der Grundlage von Definitionen werden Grenzen formuliert, die über die Zugehörigkeit zur Gruppe bestimmen. Sie sind stark geordnet, strukturiert und organisiert.

Solche Gruppen strahlen Sicherheit, Stabilität und Klarheit aus. Dies kann gerade in Zeiten vermehrter Unsicherheit und Instabilität eine große Anziehungskraft auf Menschen ausüben. Die Stärke geregelter Gruppen liegt daher auch darin, Menschen Anleitung zu geben, ihnen zu helfen, sie zu unterstützen und ihnen direkte und eindeutige Führung zu geben.

Geregelte Gruppen

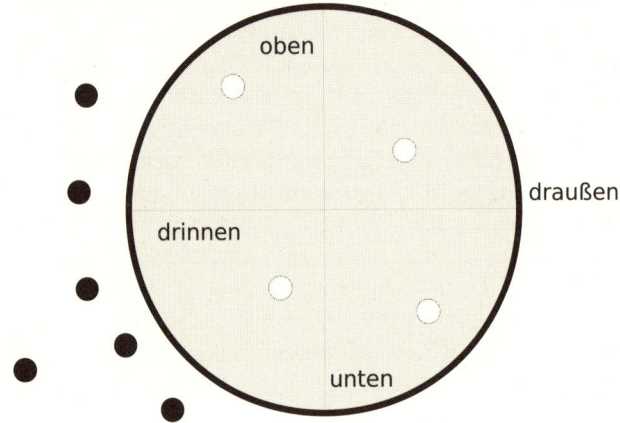

Geregelte Gruppen können jedoch dazu tendieren, bei der Definition der Grenzen stehen zu bleiben. Damit werden sie abgrenzend. Das Eigene und das Wahre stehen im Mittelpunkt und die Konformität der Gruppenmitglieder bedingt den Systemerhalt. Mitunter prägt diese Gruppen ein negatives Menschenbild und fixe Regeln bewahren die Mitglieder vor »falschen« Entscheidungen.

Die Grenzen werden ständig definiert, verstärkt und geklärt, um die Ordnung und die Disziplin aufrechtzuerhalten. Das führt zu einer »Wir-ihr«- oder »Drinnen-draußen«-Mentalität und daher zu einem ausschließenden Verständnis. Eine solche Gruppe kann auch sehr leistungsorientiert sein und mitunter dazu führen, dass sich die Mitglieder schuldig fühlen. Menschen sind dazu da, die Regeln der Gruppe, der Leiter oder der Tradition zu erfüllen. Der Mensch wird nicht als Einzelpersönlichkeit wahrgenommen, der eigene Bedürfnisse, Träume und Gaben hat, sondern die Gruppe als ein kollektives Ganzes.

Gemeinde und Christsein wurden in Europa über viele Jahrhunderte auf der Grundlage einer Menge verstanden. Christsein wurde definiert als ein Katalog von Verhaltens- oder Glaubenskriterien. Dabei ging es darum, bestimmte theologische Überzeugungen anzuerkennen, wie z.B. die Taufpraxis, die Schöpfungslehre oder das Kirchenverständnis, oder gewisse Verhaltensregeln zur persönlichen Lebensführung zu beachten, wie z.B. den Umgang mit Alkohol, Tabak, den Kleidungsstil und die Art der Frisur.

Diese Form sah sich jedoch mit Anbruch der Postmoderne fundamentalen Herausforderungen gegenüber. Man muss auf dem Land nur wenige Jahre zurückgehen, da gab es im Dorf drei Autoritäten: den Lehrer, den Bürgermeister und den Pfarrer. Heute ist jeder Mensch seine eigene Autorität. Der Einfluss von klassischen Autoritäten wie Parteien, Verbänden oder Kirchen geht systematisch zurück. Menschen wollen eigene Entscheidungen treffen, die ja in einer geregelten Gruppe bereits getroffen sind.

Geregelte Gruppen gab es und wird es in der Christenheit immer geben. Sie bieten Menschen, die nach Sicherheit suchen, Halt und Orientierung. Sie stehen jedoch in der Gefahr, die Menschen in Unmündigkeit zu halten oder kreative und innovative Menschen zu unterdrücken, wenn die Regeln wichtiger sind als die Menschen.

	Chancen	Risiken
Gruppenwirkung	• Sicherheit • Stabilität • Klarheit • »Wir sind der Tempel Gottes«	• Abgrenzung • Selbsterhalt • Konformität • »Wir sind die letzte Schutzburg«
Umgang mit Menschen	• Anleitung, damit Menschen einen konkreten Weg gehen können • Hilfe • Unterstützung • Direkte und eindeutige Führung	• Regeln, weil Menschen sonst »falsche« Entscheidungen treffen • Bevormundung • Kontrolle • Unmündigkeit und Abhängigkeit

Offene Gruppen

Ein Element kann Teil einer Menge sein und gleichzeitig nicht Teil einer Menge.

Die Mengenlehre wurde 1965 von einem ägyptischen Berkeley-Professor namens Lofti Asker Zadeh um die »Fuzzy-Menge« erweitert, die das Proprium einer Menge auflöste. Ein Element kann Teil einer Menge sein und gleichzeitig nicht Teil einer Menge. Klingt verwirrend? Deshalb heißt sie ja auch »fuzzy«, also verwirrend oder wirr. Ist aber eigentlich nicht so schwer. Man stelle sich die Zahl 0 und die Zahl 1 vor. Diese bilden eine Menge. Nun stelle man sich die Zahl 0,75 vor. Sie ist Teil der Menge, weil sie ja zwischen 1 und 0 liegt, jedoch trifft sie nicht exakt die eine oder andere Zahl.

Oder noch mal anders: Stelle dir den Tag vor und dann die Nacht. Klar? So ... und was ist jetzt mit der Abenddämmerung? Sie gehört irgendwie zur Nacht, aber dann auch wieder nicht. Mit seiner Fuzzy-Theorie wies Zadeh nach, dass sich nicht alle Elemente kategorisch erfassen und bestimmen lassen. Die Wirklichkeit ist größer als die Summe aller Definitionen.

Offene Gruppen sind informell, entspannt und dynamisch.

Bereits während der Aufklärung und der Reformation in Europa zeichnete sich das Erwachen des menschlichen Bewusstseins ab. Menschen wollten sich nicht mehr vorgeben lassen, was sie zu glauben und wie sie zu leben hatten. Sie lehnten immer stärker externe Autoritäten ab. Der vorläufige Höhepunkt war die Baby-Boomer-Generation der 60er- und 70er-Jahre des letzten Jahrhunderts. Es ging um Befreiung des Menschen. Konventionen und Traditionen wurden über Bord geworfen auf der Suche nach dem Eigenen.

Auf Gruppen angewendet bedeutet dies, dass nicht alles mit »drinnen« oder »draußen« einzuordnen ist. Offene Gruppen sind daher vielfältig, experimentell und jeder kann mitmachen und mitgestalten.

Offene Gruppen

Das Umfeld dieser Gruppen wird oftmals als entspannt und informell erlebt und wahrgenommen. Normalerweise sind diese Gruppen von einer lockeren, netzwerkartigen Atmosphäre geprägt und sind für jeden leicht zugänglich. Jeder in der Gruppe hat seine eigenen Vorstellungen und seine eigene Richtung und jeder kümmert sich um seine eigene Sache.

Führung wird schwerpunktmäßig als Koordination und Moderation verstanden. Somit gibt es keinerlei konstante Richtung und auch wenig Klärung über gemeinsame Prioritäten oder Normen. Gruppen, die so zusammenleben, dulden eher keine oder nur wenig Führung, und meist wird jede Form von Verantwortlichkeit abgelehnt. Es fehlt jegliche Form von Ausrichtung und ein verbindliches Gefühl der Zusammengehörigkeit.

Im gemeindlichen Bereich sind es oftmals Aktionsbündnisse, spontane Zusammenschlüsse, Netzwerke oder auch manch plural strukturierte Kirchengemeinde. Sie haben das Ziel, einen Raum für bestimmte Erfahrungen oder Aktivitäten zu öffnen und alle Beteiligten durch den kleinsten gemeinsamen Nenner zufriedenzustellen. Auf Dauer ist das eine Quadratur des Kreises, jedoch kann dies anfangs sehr dynamisch und kreativ sein.

	Chancen	Risiken
Gruppen-wirkung	• Vielfalt • Experimentalität • »Jeder kann bei uns mitmachen und mitge- stalten« • »Wir sind eine Familie«	• Unverbindlichkeit • Chaos • Fraktionen mit wider- streitenden Interessen • »Wir sind eine Familie, solange es MIR passt«
Umgang mit Menschen	• Menschen können sich einbringen und ver- wirklichen • Toleranz • Zufriedenstellung aller • Koordinierende und moderierende Füh- rung	• Die Freiheit des Ein- zelnen steht vor dem Gruppeninteresse • Verhalten ist frei von Konsequenzen • Kleinster gemeinsa- mer Nenner • Unabhängigkeit und Individualismus

Zentrische Gruppen

Die moderne Mathematik wie auch das westliche Denken generell sind geprägt von den Prämissen der griechischen Antike. Man versucht stets, die Natur, also das Wesen der Dinge, zu ergründen, zu benennen und damit reflektierbar zu machen. Deshalb auch unser Wunsch nach Definition, Mess- barkeit und Klarheit. Demgegenüber stellt Paul G. Hiebert[9] das biblisch-hebräische Denken, das weniger das Wesen der Dinge, sondern vielmehr ihre Beziehung zueinander in den Mittelpunkt rückt. Ich kann einen Menschen danach beur- teilen, ob er gewisse Kriterien erfüllt, und dann entscheiden, ob es sich um einen Schweizer oder um einen Deutschen handelt – griechische Denkweise. Ich kann ihn auch danach beurteilen, ob er der Sohn von Gerhard Hausner ist; alle, die mit Herrn Hausner verwandt sind, gehören dieser Gruppe an – hebräische Denkweise.

Entscheidend in zentrischen Gruppen sind nicht gemein- same Kriterien, sondern ein gemeinsames Zentrum, zu dem alle in der Gruppe in Beziehung stehen. Diese Beziehung ist geprägt durch Ausrichtung, Geschwindigkeit und Nähe

---

9 The Category Christian in the Mission Task in: *Anthropological Reflections on Mis- siological Issues*, Grand Rapids 1994, S. 107–137.

zu diesem gemeinsamen Zentrum. Die Grenzen sind ebenso klar wie in den geregelten Gruppen, sind jedoch nicht das, was alle verbindet. Die Zugehörigkeit zu einer zentrischen Gruppe wird folglich nicht extern definiert, sondern jede Person entscheidet selbst aufgrund ihrer eigenen Ausrichtung darüber.

Menschen, die bereits lange einer zentrischen Gruppe angehören, dann aber irgendwann neue Prioritäten setzen, sind nicht mehr Teil dieser Gruppe, und Menschen, die noch weit vom Zentrum entfernt sind, sich jedoch auf den Weg machen, gehören zu ihr, ohne zuerst besondere Kriterien erfüllen zu müssen.

Zentrische Gruppen

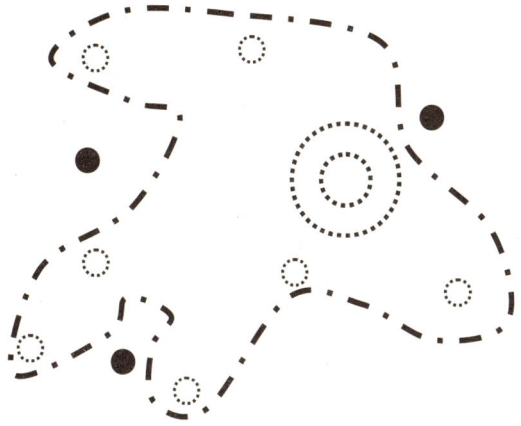

Nun, was ist das Zentrum einer christlichen Gemeinschaft? Jesus Christus, genau! Sein Leben, sein Sterben und seine Auferstehung sind die Realität in einer Gruppe von Jesusnachfolgern. Seine Gegenwart ist erfahrbar, sie inspiriert, korrigiert und gibt Hoffnung und Ausrichtung – jedem persönlich wie auch der Gemeinschaft als Ganzes. Diese Gegenwart Jesu in der Welt bringt Menschen zusammen und versieht sie mit einem Auftrag: Jesusnachfolger führen das weiter, was der Meister auf der Erde begonnen hat. Sein Programm verlas er selbst in der Synagoge in Kapernaum aus Jesaja 61,1-2:

Was ist das Zentrum einer christlichen Gemeinschaft? Jesus Christus!

Der Geist des Herrn ruht auf mir, weil er mich berufen hat. Er hat mich gesandt, den Armen die frohe Botschaft zu bringen und die Verzweifelten zu trösten. Ich rufe Freiheit aus für die Gefangenen, ihre Fesseln werden nun gelöst und die Kerkertüren geöffnet. Ich rufe ihnen zu: »Jetzt erlässt Gott eure Schuld!« (HFA).

Er ruft uns in die Nachfolge, er ruft uns in Gemeinschaft und ruft uns zu einem großen Auftrag, die Nachricht des angebrochenen Reiches weiterzutragen ... bis in die hintersten Winkel unserer Welt. Mit dieser Botschaft begründete der Zimmermann aus Nazareth eine Bewegung von Menschen, die bis zum heutigen Tag mehr als zwei Milliarden Nachahmer gefunden hat. Die Bewegung schart sich um ein Zentrum: Jesus Christus.

Zentrische Gruppen haben also einen Kern. Dieser Kern schafft eine Dynamik. Er hat Kraft, stiftet Identität und löst Bewegung aus, sodass Menschen das tun, was sie von alleine nicht tun würden. Man denke da an Paulus, der sich auf Christenverfolgung spezialisierte und dann zum größten Verteidiger seiner ehemaligen Gegner wurde. Warum? Weil er dieser Auferstehungskraft begegnet war.

Beziehungen, Werte und Vision halten zentrische Gruppen zusammen.

Es sind drei Bausteine, die eine Bewegung zusammenhalten:
- authentische Beziehungen,
- eine gemeinsame Vision,
- gemeinsame Werte.

Eine geistlich inspirierte Vision hält uns ein Bild von einer erstrebenswerten Zukunft vor Augen.

Menschen leben in Beziehungen zueinander und zu dem auferstandenen Christus. Er ist die Mitte. Aus diesen Beziehungen entstehen gemeinsame Werte und Überzeugungen, die sich aus dem Vorbild Jesu und seinem Handeln unter uns nähren. Wir nehmen unseren Auftrag wahr und entwickeln eine Sicht für die Welt um uns herum.

Mit anderen Worten: Eine geistlich inspirierte Vision zeichnet uns ein Bild von einer erstrebenswerten Zukunft, für die wir uns einsetzen wollen. Beziehungen und gemeinsame Werte halten zentrische Gruppen zusammen. Die Vision mobilisiert sie. Wie auch immer sie im Einzelfall genau aussieht.

Wenn Menschen auf der Grundlage einer gemeinsamen Vision und gemeinsamer Werte tragfähige Beziehungen leben, dann bleibt das nicht im Verborgenen. Wie das Licht nicht unter dem Scheffel stehen soll, so werden Menschen mit dieser Gruppe in Kontakt kommen ...

Wie könnte das eigentlich aussehen? Stell dir einmal vor, du würdest zu einer Gruppe von Menschen stoßen, die sich wirklich gern haben. Es scheint wenige feste Regeln zu geben, jedoch bringen sich viele verbindlich ein und fühlen sich einem gemeinsamen Auftrag verpflichtet. Sie dienen den Armen, sie treffen sich zum Gebet zu Hause und es herrscht eine beinahe familiäre Stimmung, wenn es darum geht, sich gegenseitig zu helfen beim Hausbau, beim Babysitten oder bei der Steuererklärung. Wenn ich auf solche Menschen treffe, werde ich nicht konfrontiert mit Worten, Traktaten oder Veranstaltungen, sondern mit einem Lebensstil. Jetzt treffe ich eine Entscheidung ... wow! Das will ich auch ... Ich beginne mich diesem Zentrum zu nähern ... Oder ich denke: Komische Leute ... das ist nicht mein Spiel ... und entferne mich wieder vom Zentrum.

Wir glauben, dass Gemeinschaften mit einem zentrischen Verständnis Menschen von heute nachvollziehbar und klar die gute Nachricht vor Augen stellen können, wenn sie auf der Grundlage gemeinsamer Werte echte und transparente Beziehungen leben. Ein Team benennt diese Werte und lebt sie gemeinsam mit allen aus. Darum gibt es verschiedene Ebenen der Integration, auf denen sich die Menschen einfinden. Jeder kann das Maß an Verbindlichkeit selbst wählen, wichtig nur, dass es transparent ist. Das Leben dieser Menschen wiederum zieht andere Menschen an, die dasselbe für das eigene Leben suchen.

Die Herausforderung in diesen Gruppen liegt darin, dass das Zentrum auch das Zentrum bleibt. Wenn der Auferstandene nicht (mehr) Herr ist, sondern es Personen oder Traditionen sind, dann verliert die Gruppe ihre Bestimmung.

Merkmale von christlichen zentrischen Gruppen:

- **Vision und Werte:** Werte und die Vision bilden den gemeinsamen Kern, nach denen sich alle ausrichten und nach denen sie leben und handeln wollen.
- **Führung**: Leitung ist eine Teamleistung. Leiter führen durch ihr Beispiel, indem sie die grundlegenden Werte durch ihr Leben und durch ihr Handeln illustrieren und indem sie Menschen herausfordern, ihr Leben auf das Zentrum auszurichten.
- **Beurteilung und Integration:** Ob jemand Teil der Gruppe ist oder nicht, bestimmt der Einzelne selbst durch die Bewegungsrichtung, die er in Richtung Werte unternimmt. Es handelt sich also um ein integrierendes und einschließendes Verständnis. Menschen entdecken, dass sie zur Familie gehören, und treffen eine selbstständige Entscheidung für die Gemeinschaft. Dies drückt sich auch darin aus, wie sie ihr Geld, ihre Zeit und ihre Kraft einsetzen.
- **Menschenbild:** Menschen sind Einzelpersönlichkeiten und nicht ein kollektives Ganzes. Jeder hat einzigartige Gaben und eine Berufung, die zu entdecken und zu entwickeln sind.
- **Identität und Selbstwert:** Der eigene Selbstwert erwächst aus der Gottesbeziehung sowie aus dem Wachstum im persönlichen Leben und im Erkennen der eigenen Berufung. Er befreit Menschen dazu, im Rahmen der Gemeinschaft die eigene Funktion und den eigenen Platz einzunehmen.
- **Beziehungen:** Kommunikation läuft auf Ebene einer »Erwachsenen-Erwachsenen-Beziehung«. Entscheidungen werden eigenständig und eigenverantwortlich getroffen. Diese Haltung verhindert falsche Abhängigkeiten von Menschen und fördert die Abhängigkeit von Jesus Christus.
- **Struktur:** Es geht um ein beziehungsorientiertes Umfeld und Teamwork; hierarchisches Denken, Strukturen, Titel und Privilegien werden vermieden. Strukturen sind flexibel und funktional.

	Chancen	Risiken
Gruppenwirkung	• hohes Maß an Vitalität, Dynamik und Reife, unabhängig von den leitenden Personen • große Lebensdauer, mit nachhaltiger Wirkung • Freiraum zur Entfaltung, ohne beliebig zu sein	• erfordert von den Leitern, Macht abzugeben und den Menschen Verantwortung zu überlassen • kein schneller Start, sondern organisches Wachstum • erfordert von der Leitung ein hohes Maß an Spannkraft und Führungsstärke
Umgang mit Menschen	• Menschen handeln selbstverantwortlich • kein Druck • gemeinsame Erwartungen werden geklärt und dann eingefordert • Menschen erhalten Würde und Respekt • »Wir sind die Jünger unterwegs mit unserem HERRN«	• längere Entwicklungsdauer, weil der Weg über Einsicht, statt über Anweisung führt • Führung wird von (geregelten) Menschen als zu schwach empfunden • Führung wird von (offenen) Menschen als zu autoritär empfunden • kann inkonsequent wirken

Natürlich ist jedes Modell eine Vereinfachung der Wirklichkeit und die Grenzen können fließend sein. Es geht nicht darum, jede Gemeinde oder Gruppe in diese Kategorien einzuordnen, sondern Tendenzen wahrzunehmen und sprachfähig zu sein, welche Entwicklungen man fördern will und welche nicht. Als Vineyard haben wir uns diesem Verständnis zentrischer Gruppen verpflichtet. Es ist uns eine Orientierung für die Bewegung auf lokaler, regionaler, nationaler und internationaler Ebene.

Als ich (Marcus) mich im Jahr 2001 das erste Mal mit diesen Gruppenkonzepten beschäftigte, ist mir klar geworden, warum mit manchen Gemeindeformen oder Gruppen bestimmte Probleme oder Chancen verbunden sind. Wenn wir Lebensräume schaffen wollen, in denen Menschen zu eigenverantwortlichen Jesusnachfolgern heranwachsen können, sind zentrische Gruppen sicher eine Hilfe, um dieser Aufgabe gerecht zu werden.

Zentrische Gruppen – ein Gewinn für das Reich Gottes

Christian Zacke, Vineyard Dresden

John Wimber hat einmal die weltweite Gemeinschaft der Christen mit einem Eintopf verglichen, zu dessen Zutaten die Vineyard-Bewegung gehört. Sie hat einen eigenen Geschmack, ist aber trotzdem Teil des Ganzen. Wer nun in der Postmoderne Gemeinde bauen will, steht vor der Herausforderung, dass sich viele Menschen unserer Zeit eher wie an einem Salatbuffet verhalten und nicht wie an einer Gulaschkanone: Fertige Konzepte sind nicht gefragt, sondern man stellt sich je nach seinen persönlichen Bedürfnissen eine individuelle Mischung zusammen. Eine Stärke der zentrischen Gruppen liegt also darin, solche postmodernen Menschen einbeziehen zu können. Denn nicht Abgrenzung oder Beliebigkeit stehen im Mittelpunkt, sondern die Schnittmenge an gemeinsamen Werten.

Wie viel Positives aus einer solchen Wertorientierung entstehen kann, konnte ich während meiner Zeit bei der Studentenarbeit in Dresden erleben. Dort gab (und gibt) es, wie in den meisten großen Hochschulstandorten Deutschlands mehrere aktive christliche Studentengruppen. Meist besteht zwischen solchen Gruppen ein »freundlich-kollegiales« Verhältnis. Das äußert sich konkret in gelegentlichen Treffen der jeweiligen Leiter und gemeinsamen Gottesdiensten zu Semesterbeginn oder Ähnlichem.

Auch in Dresden wurde zunächst ein eher unverbindliches Miteinander gepflegt. Doch im Lauf der Zeit wurde aus diesem lockeren Verbund eine echte Gemeinschaft, in der sechs Gruppen dauerhaft zusammenarbeiteten und sowohl im Gebet als auch ganz praktisch füreinander einstanden. Wir begannen, die Wochentage unserer Gruppenabende aufeinander abzustimmen; kein Student sollte zu Hause bleiben müssen, weil er nur dienstags Zeit hatte, an diesem Tag aber zufällig nichts angeboten wurde. Wenn eine einzelne Gruppe nicht genug Mitarbeiter für ein geplantes Projekt hatte, haben wir uns gegenseitig Leute »ausgeliehen«. Bei gemeinsamen Aktionen spezialisierten wir uns je nach unseren Stärken auf bestimmte Aufgabenbereiche: Die eine Gruppe übernahm oft die Organisation, andere kümmerten sich um Werbung und Öffentlichkeitsarbeit oder die Musik bei Lobpreisabenden.

So konnten wir innerhalb kurzer Zeit ein hohes Maß an Ressourcen mobilisieren. Dadurch, dass die einzelnen Gruppen trotz der engen Zusammenarbeit ihren eigenen Stil beibehielten, hatten wir zudem eine breite Palette an verschiedenen Programmen im Angebot: Es gab Alpha-Kurse, Vortragsabende zu aktuellen Themen, Hauskreise, Studentengottesdienste, Lobpreisabende und Freizeitaktivitäten wie zum Beispiel gemeinsame Wanderungen. Nicht schlecht für eine Weggemeinschaft von knapp hundert ehrenamtlich tätigen Leuten! Hätte sich stattdessen jeder allein abgemüht, wäre zweifellos lange nicht so viel für das Reich Gottes an der Universität Dresden bewegt worden.

Das Geheimnis unseres starken Zusammengehörigkeitsgefühls einerseits und der Wahrung der Identitäten der einzelnen Gruppen andererseits bestand aus zwei Dingen. Erstens gab es eine Reihe von klaren Werten und Prioritäten, die uns verbanden. Unser Anliegen war es, anderen Studenten von Jesus zu erzählen, nicht, möglichst schnell zu wachsen oder anderen oberflächlichen Erfolgsmaßstäben gerecht zu werden. Konkurrenzdenken oder gar Misstrauen gab es daher zwischen uns nicht; in welcher Gruppe die Leute gegebenenfalls ein Zuhause fanden, erschien uns zweitrangig. Zweitens konnten wir – auf Grundlage unserer gemeinsamen Werte – Unterschiede nicht nur tolerieren, sondern als Bereicherung empfinden. Ein bestimmter Stil wird niemals alle Menschen gleichermaßen ansprechen; Vielfalt ist daher in der christlichen »Szene« nicht nur wünschenswert, sondern geradezu notwendig. Außerdem kann die Auseinandersetzung mit verschiedenen Herangehensweisen auch den eigenen Horizont erweitern und für Wege sensibilisieren, auf die man von selbst möglicherweise nicht gestoßen wäre.

Heute engagiere ich mich nicht mehr in der Studentenarbeit, sondern bringe mich vor allem in der Gemeinde ein. Doch gerade dort dient mir die Zeit an der Uni als wertvolle Inspiration und als Beweis für die Stärken zentrischer Gruppen. Ich habe die Erfahrung gemacht, dass ein Fundament gemeinsamer Werte wesentlich tragfähiger ist als autoritäre Hierarchien. Leiter verspüren nicht mehr den Druck, stets alle und alles kontrollieren zu müssen, und Mitarbeiter leisten ihren Beitrag motiviert durch eigene Überzeugungen und in einer Atmosphäre von Vertrauen und Eigenverantwortung.

So können unter dem Strich alle freier atmen. Gleichzeitig wird eine Gemeinschaft, die sich auf einer Schnittmenge von Werten gründet, sehr viel mehr bewegen als eine, die lediglich einen organisatorischen Rahmen bietet, in dem jeder macht, was er will: Wenn man im selben Boot sitzen will, sollte man sich auf ein gemeinsames Ziel einigen können. Anderenfalls wird man sehr viel Energie damit vergeuden, in unterschiedliche Richtungen zu rudern und letztlich trotzdem nirgendwo ankommen.

Das also bedeutet, dass ...

- gemeinsame Werte Gemeinschaft stiften.
- eine Gemeinschaft mit einem klaren Kern an Überzeugungen eine große Vielfalt von Menschen, Stilen und Praktiken aushält.
- zentrische Gruppen eine hohe Dynamik besitzen und gute Resultate erzielen, ohne dabei den Menschen aus dem Blick zu verlieren.

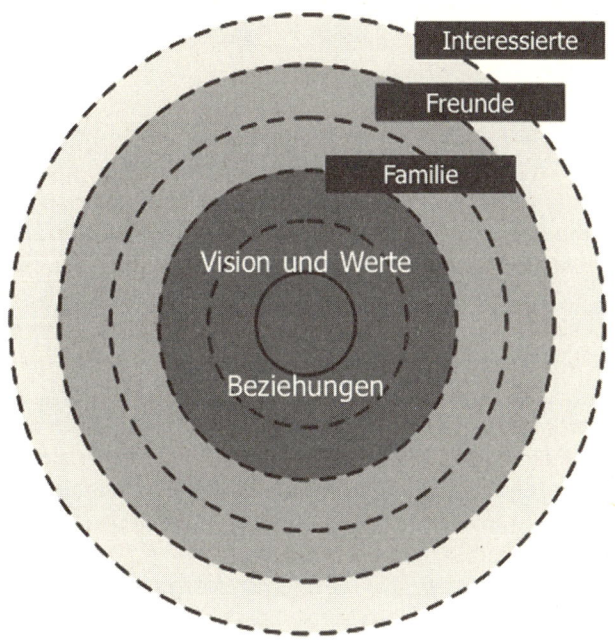

- Nimm dir einige Minuten Zeit und beschreibe anhand der Grafik, welche Menschen sich in deiner Gruppe wo eingefunden haben.
- Denke darüber nach, welche Bewegungsrichtung sie derzeit einschlagen, und versuche dies zu begründen.

BEZIEHUNGEN IN EINER GEMEINSCHAFT: LIEBE, ANNAHME, VERGEBUNG UND D.A.N.K.!

Beziehungen sind der Kern

Beziehungen sind ein wesentliches Element in zentrischen Gruppen. Nun wollen wir darüber sprechen, welchen Charakter diese Beziehungen haben können. Zuerst soll es darum gehen, wie jesusmäßige Beziehungen in einer Gruppe aussehen können. Wir sprechen in der Vineyard von einer Kultur der Liebe, Annahme und Vergebung. Im zweiten Schritt geht es darum, wie wir diese Beziehungen ermöglichen und wie wir Vertrauen unter uns stärken können.

Wie sehen eigentlich jesusmäßige Beziehungen aus?

Liebe, Annahme und Vergebung

Im Garten Eden war die Beziehung zwischen Gott und den Menschen in Ordnung.

Wie hat Gott sich eigentlich Beziehung gedacht? Nun, der Idealfall ist wohl im Garten Eden beschrieben. Die Beziehungen zwischen Gott und dem Menschen bzw. zwischen den Menschen untereinander waren in Ordnung. Sie waren von Natürlichkeit und Offenheit geprägt. Der Mensch jedoch lehnte sich gegen Gott auf und die Sünde kam in sein Leben. Mit dieser Trennung wurden auch die Beziehungen zerstört und litten fortan unter Phänomenen, die bis heute den Menschen klein, unwürdig und unter seinen Möglichkeiten halten: Furcht, Schuld und Scham.

Wie oft sprach Jesus seine Jünger an mit: »Fürchtet euch nicht!«!

Adam ergriff die Flucht, er versteckte sich aus Angst und wollte unentdeckt bleiben. Er schämte sich, weil er erkannte, dass er nackt war. Und im Dialog mit Gott versuchte er, die Schuld von sich zu weisen, die er auf sein Leben geladen hatte, weil er die Ordnungen Gottes nicht respektiert hatte. Wir alle haben unsere eigene Geschichte mit diesen drei Zeichen zerbrochener Beziehungen. Sie halten uns davon ab, das zu leben, was wir als richtig erkannt haben, und uns auf Gott und auf Menschen einzulassen.

Wie oft sprach Jesus seine Jünger an mit: »Fürchtet euch nicht!« Petrus, der im Hof aus einem Versteck zusah, wie sein Herr verspottet und misshandelt wurde, war voller Furcht. Er war erfüllt von Scham, als er sich nicht zu dem Lehrer aus Nazareth bekannte, obwohl er dreimal auf seine Beziehung zu ihm angesprochen wurde. Als er erkannte, dass er trotz seiner groß tönenden Versprechen am Vorabend sein Wort nicht hatte halten können, weinte er bitterlich darüber. Er zog sich zurück, ging seinem Handwerk nach und wollte einfach nur vergessen. Doch einige Tage später begegnete Jesus seinem Jünger und sie frühstückten gemeinsam. Eine Aussprache stand bevor. Wie würde Jesus wohl reagieren auf das Verhalten von Petrus? Er stellt ihm drei Mal dieselbe Frage: »Simon, Sohn des Johannes, liebst du mich?« Drei Mal, so als ob Jesus keinen Zweifel daran lassen wollte, wie Petrus zu ihm steht. Am Ende der Auftrag: »Folge mir nach!« Keine Anschuldigungen, keine Spitzen, kein Warum und Weshalb, sondern: Liebe. Petrus ist sich der Liebe, der Annahme und der Vergebung seines Herrn gewiss. Der Meister selbst sagt ihm unmissverständlich, was das Fundament seiner Nachfolge ist: Liebe. Darauf reagiert Petrus. Er folgt ihm nach. Er lässt die Fischerei endgültig zurück und wird damit zur Säule der frühen Kirche.

Diese Geschichte ist die Geschichte des Menschen. Es ist meine und es ist deine Geschichte. Jesus ist durch sein Leben, sein Sterben und seine Auferstehung eine bleibende Antwort auf unsere Furcht, auf unsere Scham und auch auf unsere Schuld. Im Gleichnis vom verlorenen Sohn beschreibt er in unübertrefflicher Weise die Charakterzüge Gottes, die Furcht, Scham und Schuld tilgen.

> Jesus ist durch sein Leben, sein Sterben und seine Auferstehung eine bleibende Antwort.

Liebe tilgt Furcht	
Lukas 15,20: »So kehrte er zu seinem Vater nach Hause zurück. Er war noch weit entfernt, als sein Vater ihn kommen sah. Voller Liebe und Mitleid lief er seinem Sohn entgegen, schloss ihn in die Arme und küsste ihn« (NLB).	1. Johannes 4,18: »Furcht gibt es in der Liebe nicht, sondern die vollkommene Liebe vertreibt die Furcht« (EÜ).
Annahme tilgt Scham	
Lukas 15,22: »Der Vater aber sagte zu seinen Knechten: Holt schnell das beste Gewand und zieht es ihm an, steckt ihm einen Ring an die Hand und zieht ihm Schuhe an« (NLB).	Johannes 15,15: »Ich nenne euch nicht mehr Sklaven, denn der Sklave weiß nicht, was sein Herr tut; euch aber habe ich Freunde genannt, weil ich alles, was ich von meinem Vater gehört, euch kundgetan habe« (NLB).
Vergebung tilgt Schuld	
Lukas 15,24: »Denn mein Sohn war tot und lebt wieder; er war verloren und ist wiedergefunden worden« (NLB).	Epheser 1,7: »Durch sein Blut haben wir die Erlösung, die Vergebung der Sünden nach dem Reichtum seiner Gnade« (NLB).

- Welche Erfahrungen hast du mit den drei Beziehungskillern Furcht, Scham und Schuld gemacht?
- Was löst es bei dir aus, wenn du dich in einer Kultur von Liebe, Annahme und Vergebung befindest?
- Wie kannst du zu so einer Kultur beitragen?

Starke Beziehungen D.A.N.K. Vertrauen!

Vertrauen ist entscheidend für Gruppen und muss gepflegt werden.

Wie nun kann man konkret in den eigenen Gruppen und Gemeinschaften dazu beitragen, dass eine Kultur der Liebe, Annahme und Vergebung entsteht? Zum einen ist das sicherlich ein Geheimnis der Gemeinschaft des Auferstandenen. Wenn Jesus Menschen zusammenruft, ist sein Geist gegenwärtig. Das spiegelt sich auch in den Beziehungen untereinander wider. Aber gerade wenn Menschen zusammenkommen, »menschelt« es eben auch gerne.

Ich habe die Erfahrung gemacht, dass man am Grad des Vertrauens die Reife und Gesundheit einer Gruppe ablesen kann. Vertrauen ist eine zu pflegende Pflanze. Es wächst oder welkt. Was über Jahre entsteht, kann in Minuten zerstört werden. Vertrauen ist dynamisch – so wie Beziehungen. Es sollte auch nicht verwechselt werden mit Sympathie. Wir sind in eine Familie berufen als Brüder und Schwestern. Da gibt es auch Streit, Machtkämpfe, unterschiedliche Meinungen, Missverständnisse und noch manches Menschliche mehr. Doch wir gehören zusammen. Wir haben einen Herrn und einen Auftrag. Ich muss den anderen nicht (immer) mögen, aber ich muss mich auf ihn verlassen können. Ich muss wissen, woran ich an ihm bin – oder auch nicht. Vertrauen ist die Gewissheit, dass der andere eine Beziehung zu mir halten kann und will.

D.A.N.K.! beschreibt Haltungen und Verhaltensweisen, die du bewusst im Umgang mit Menschen einüben kannst.

D.A.N.K! ist eine Eselsbrücke, die die vier Elemente vorstellt, die das Vertrauen unter Menschen stärken. Es sind Haltungen und Verhaltensweisen, die du bewusst im Umgang mit Menschen einüben kannst. Du kannst sicher sein, dann auch das Pflänzchen Vertrauen zu gießen. **D.A.N.K.!** steht für:

D	Direkt	»Ich sage, was ich denke!«
A	Annehmend	»Ich nehme den anderen an.«
N	Nachvollziehbar	»Ich bin offen und transparent.«
K	Korrekt	»Ich tue, was ich sage!«

D – sei direkt: *»Ich sage, was ich denke!«*

Keine Spielchen, keine Schauspielerei, sondern klare Aussagen. Kläre deine Erwartungen, Befürchtungen und sprich deine Überzeugungen aus. Klarheit schafft Transparenz und hinterlässt keine Fragen bei den Zuhörern. Es erfordert auch den Mut, Unbequemes auszusprechen und zu widersprechen, sowie die Bereitschaft, für die eigenen Überzeugungen zu kämpfen, wenn es der Sache dient. Denke an das letzte Mal, als du einem Politiker zugehört hast. War die Rede direkt und klar? Schaffte sie Vertrauen?

A – sei annehmend: *»Ich nehme den anderen an.«*

Welche Gefühle und Gedanken bewirken arrogante Menschen bei dir? Wenn Spezialisten mit Fachwörtern um sich werfen, wenn Eltern oder Führungskräfte »kein Ohr« für die wirklichen Probleme haben oder Mitchristen sich über die böse Welt beklagen? Akzeptanz bedeutet nicht, nachzugeben und sich ausnutzen zu lassen. Andere anzunehmen bedeutet vielmehr, Fragen zu stellen, zuzuhören, zu lernen und Einsichten zu gewinnen. Den anderen zu verstehen, heißt nicht unbedingt auch, mit ihm einverstanden zu sein. Verständnis jedoch ist ein tiefes Grundbedürfnis eines jeden Menschen.

N – sei nachvollziehbar: *»Ich bin offen und transparent.«*

Nachvollziehbar und offen zu sein, bedeutet, aktiv Informationen bzw. Feedback zu geben und einzufordern. Die Gefahr von Spekulationen und Missverständnissen wird dadurch extrem verringert. Sicher kommt es immer wieder vor, dass Inhalte falsch verstanden werden, doch dann eher, wenn zu viel gesprochen wird, man also ins andere Extrem verfällt. Grund Nummer eins für Ehekrisen ist zu wenig

Kommunikation. Du kannst beliebige Mitarbeiter einer beliebigen Organisation fragen, welche Änderung sie sich wünschen. Eine Aussage findet sich wiederholt: »Wir haben zu wenig Informationen.«

K – sei korrekt: *»Ich tue, was ich sage!«*

Ich suche Übereinstimmung in Wort und Tat, Anspruch und Wirklichkeit – »Walk your talk.« Mit anderen Worten: Ich bin verlässlich. Zuverlässige Menschen sind starke Partner, die berechenbar sind und das Recht haben, gehört zu werden.

Das biblische Prinzip »Du warst unter wenigem treu, jetzt setze ich dich über Größeres« (vgl. Matthäus 25,23), liegt jeder berechtigten Entwicklung zugrunde. Man »traut« einem anderen mehr zu, wenn er in der Vergangenheit zu seinem Wort gestanden hat. Verlässlichkeit ist ein Zeichen, dass ich den anderen und die Aufgabe ernst nehme. Menschen, die ständig mit Entschuldigungen, Verzögerungen und Ausreden ankommen, werden vielleicht anfangs akzeptiert, aber irgendwann nicht mehr ernst genommen.

Vertrauen ist die Grundlage für Beziehungen.

Grundlage dieser Beziehungen ist Vertrauen und damit ...

- das Wissen, dass ich nicht ausgenutzt werde. Weder bewusst noch gezielt. Niemals absichtlich, im schlimmsten Falle aus Versehen.
- das Wissen, dass der andere eine tragfähige und arbeitsfähige Beziehung schaffen will und es auch kann.
- der Kern. Fehlt es, betrachte ich alles, was der andere für mich tut, als Manipulation.

Vertrauen ist wie die Beziehung zwischen Menschen dynamisch. Verhalten schafft Vertrauen. Vertrauen wächst, wenn das Verhalten geprägt ist von **D.A.N.K.!**

Vertrauen in der eigenen Gruppe stärken mit D.A.N.K.!

Mit **D.A.N.K.!** kannst du konkret die Vertrauenskultur deiner Gruppe stärken. Folge den nachstehenden Schritten und fasse deine Einsichten aus der Übung auf der nächsten Seite zusammen.

Schritt 1: Selbsteinschätzung.

Vervollständige den Satz: »In meiner Gruppe bin ich in der Regel sehr ...«

	1	2	3	4	5
Direkt	☐	☐	☐	☐	☐
Annehmend	☐	☐	☐	☐	☐
Nachvollziehbar	☐	☐	☐	☐	☐
Korrekt	☐	☐	☐	☐	☐

1 – trifft gar nicht zu; 2 – trifft meist nicht zu; 3 – mal so, mal so; 4 – trifft in der Regel zu; 5 – trifft immer zu

Schritt 2: Schätze deine Freunde ein.

Vervollständige den Satz: »Ich erlebe (Name) ... in unserer Gruppe in der Regel sehr ...«
Trage jeweils eine Zahl in das Feld ein, die zu dem Namen und der Eigenschaft passt.

Name	Direkt	Anneh-mend	Nachvoll-ziehbar	Korrekt
1				
2				
3				
4				
5				
6				
7				
8				

1 – trifft gar nicht zu; 2 – trifft meist nicht zu; 3 – mal so, mal so; 4 – trifft in der Regel zu; 5 – trifft immer zu

Schritt 3: Kommt miteinander ins Gespräch!

- Erzählt euch, wie ihr euch gegenseitig erlebt. Wo gibt es Übereinstimmungen, wo gibt es Abweichungen?
- Besprecht, wie ihr gegenseitig mehr **D.A.N.K.!** in eurer Gruppe leben und wie ihr euch gegenseitig unterstützen könnt.
- Habt Spaß und betrachtet auch »unangenehme« Rückmeldungen als eine Gelegenheit zu wachsen.
- Halte deine Einsichten schriftlich fest und überlege, welche weiteren Schritte du gehen willst.

VISION STIFTET GEMEINSCHAFT MIT RICHTUNG – MIT GOTTES PERSPEKTIVE DIE WELT SEHEN

Vision: Gottes Perspektive gewinnen!

Gott ist unsere Welt nicht egal. Er mischt sich ein, wird aktiv und setzt sich in Bewegung. Er hat seinen Sohn gesandt, damit Menschen ewige Hoffnung haben. Diesen Auftrag führen seine Nachfolger weiter. Aber welche Sicht hat Gott eigentlich von seiner Welt – von deiner Welt? Menschen brauchen zum einen eine Idee davon, wie Veränderung aussieht, und zum anderen eine konkrete Vorgehensweise, wie diese Veränderung vonstattengehen kann.

Vision beschreibt eine Zukunft und ein Bild.

Das Wort Vision stammt vom lateinischen Wort für »sehen«. Vision beschreibt eine Zukunft, die fern und anspruchsvoll genug ist, um Menschen zu inspirieren, zu begeistern und zu mobilisieren. Vision zeichnet ein Bild, das gleichzeitig realistisch genug ist, sodass Menschen Mut bekommen, sich auf den Weg zu machen.

Einfach »eine Kleingruppe zu gründen« ist zum Beispiel bei Weitem keine Vision. In der Vision drückt sich aus, wie und wo diese Gruppe einen Unterschied machen möchte; welchen Menschen sie dienen will und wie sie als Licht und Salz diese Welt berühren will. Als Leiter brauchen wir nicht nur ein klares Bild von der Zukunft, der wir entgegengehen, sondern auch die Fähigkeit, die Vision zu formulieren und andere Menschen dafür zu gewinnen. Menschen sollen diese Vision verstehen, ihr Glaube soll dadurch angeregt werden, Gottes Möglichkeiten zu vertrauen.

Visionäres Denken und Handeln sind Schlüsselkompetenzen für Menschen, die eine Bewegung starten wollen. Die Fähigkeit, Dinge zu sehen, die noch nicht sind, Realitäten in Worte zu fassen und danach zu handeln, die fern ab vom Hier und Heute sind. Als Vineyard-Bewegung haben wir zum Beispiel die Vision, jeweils ein Prozent der Einwohner von Deutschland, Österreich und der Schweiz zu einem jesusmäßigen Leben zu inspirieren. Visionen sprechen von einer neuen Zukunft, die besser, erstrebenswerter und anziehender ist als die Gegenwart.

Vision: Dinge sehen, die noch nicht sind, Realitäten benennen und danach handeln.

S.T.A.R. – eine Vision wird Wirklichkeit.

Wie werden Visionen in visionäres Handeln überführt?

Es sind im Wesentlichen vier Elemente, die dazu beitragen, dass Visionen in visionäres Handeln überführt werden: Sicht, Test, Anziehungskraft und Reaktion.

Sicht

Das Gebet: »Gott, welche Sicht hast du für diese Stadt, für diese Region, für dieses Land?« steht am Anfang.

Es geht um eine (Aus-)Sicht, die wir für die Zukunft haben. Als Jesusnachfolger suchen wir dabei zuerst und vor allem Gottes Perspektive. Das Gebet: »Gott, welche Sicht hast du für diese Stadt, für diese Region, für dieses Land? Was denkst du und was fühlst du für diese Menschen?« steht am Anfang, wenn wir um (s)eine Vision ringen. Wenn nun Gott uns mit seinen Augen sehen lässt – sei es in intensiven Gebetszeiten, im Gespräch mit Menschen, während der TV-Nachrichten um 20.00 Uhr, dann ist es entscheidend, dass wir uns selbst das Sehen erlauben. Zu schnell setzen wir uns nämlich Grenzen, halten unser Denken klein und sagen: »Wer bin ich schon, dass Gott so etwas mit mir vorhat?«

Erlaube es dir, groß zu denken. Martin Luther King stand auf und sagte: »Ich habe einen Traum ...« Wie würdest du diesen Satz vollenden? Lass es ruhig zu, wenn dich anfangs Unbehagen überkommt. Und schreibe deine Gedanken und Bilder auf. Denn Schreiben hat zwei große Vorteile. Es nötigt dich erstens, genau hinzusehen und präzise zu sein, und ist zweitens bereits der erste Akt des Gehorsams. »Ja, Gott, ich nehme dich ernst. Ich höre nicht nur auf deine Stimme, sondern ich handle danach.«

Eine Sicht zu entwickeln, ist der erste Schritt, der Klarheit bringt. Visionen, die diffus sind, überstehen die Widrigkeiten des Lebens und die Angriffe des Feindes nicht. Und es ist kein einmaliger Vorgang, sondern eher eine Haltung. Strecke ich mich danach aus? Erwarte ich seine Sicht der Dinge inmitten meiner kleinen Welt und inmitten meines Alltags?

Sicht → bringt Klarheit	• Frage ich nach Gottes »Augen« für seine Welt? • Erlaube ich mir, zu »sehen« und lasse das zu? • Schreibe ich auf, was ich sehe?

Test

Jede Vision muss sich in Prüfungen bewähren. Besteht sie diese Prüfungen, entsteht die Beharrlichkeit, die du benötigst, wenn es um die Umsetzung geht.

Rückschläge trennen die Spreu vom Weizen.

Der erste Test, dem du deine Vision unterziehen musst, sind die Grundlinien und das Mandat der Bibel. Fördert die Vision die Prioritäten der Heiligen Schrift oder tust du dich schwer, vergleichbare Aussagen oder Situationen zu finden? Der zweite Test sind Menschen in deiner direkten Umgebung. Können sie diese Perspektive teilen, erhältst du Bestätigung und können sie es auch »sehen«? Der dritte Test ist das Leben als solches. Es werden schwere Zeiten, Niederlagen kommen. Du wirst mit deinen Schattenseiten und Schwächen konfrontiert werden. Ist die Vision stark genug, diese Rückschläge auszuhalten? Durch Tests werden Träume und Fantasien getrennt von gottgegebener, inspirierter Vision, die die reale Kraft der Veränderung in sich trägt.

Test → bringt Beharrlichkeit	• die Bibel • die Menschen • das Leben

Anziehungskraft

Gottes Vision für dein Leben begleitet dich über Jahre hinweg. Bestimmte Themen wiederholen sich immer und immer wieder – und das ist gut so. Das können prophetische Worte sein, das kann ein Feedback von einem guten Freund sein, ein Buch, das du liest, oder eine Predigt, die du hörst.

Du bist von der Idee wahnsinnig angezogen, und das erzeugt eine heilige Leidenschaft, die dich immer wieder trotz deiner Trägheit und deiner Furcht zum Herz des Vaters kommen lässt.

Es können viele Begebenheiten sein, die dein Leben formen und in dir ein Bild hervorbringen, wie Jesus unser Land leidenschaftlich liebt. Dieses Bild fasziniert dich und erreicht tiefe Schichten deiner Persönlichkeit, die mit bloßer Begeisterung nicht zu erklären sind. Du bist von der Idee wahnsinnig angezogen, und das erzeugt eine heilige Leidenschaft, die dich immer wieder trotz deiner Trägheit und deiner Furcht zum Herz des Vaters kommen lässt. Und das steckt wiederum Menschen an und löst Bewegung aus.

Anziehungs-kraft → bringt Leidenschaft	• wiederkehrend über Jahre • ungebrochene Faszination • Kraft gegen die Widrigkeiten

Reaktion

John Knox: »Gott, gib mir Schottland oder ich sterbe!«

Diese Leidenschaft bringt eine Haltung hervor, die bereit ist, jeden Preis zu bezahlen, der menschlich nötig ist, damit die Vision Wirklichkeit wird. Von John Knox, dem schottischen Reformator, ist ein Gebet überliefert: »Gott, gib mir Schottland oder ich sterbe!« Ich habe immer wieder über diesem Gebet meditiert und fragte mich: »Wie kann ein Mensch zu so einem Gebet kommen? Was hat Gott bereits in seinem Leben getan, dass er sogar bereit ist, zu sterben?« Eine echte Vision besteht nicht aus Worten, sondern zieht ein verändertes Verhalten nach sich und dadurch entstehen Resultate in unserem Leben – sie schafft Realität.

Ich kann und will also nicht anders, als meine Zeit, meine Kraft und mein Geld für diese eine Sache einzusetzen. Dabei ist nicht aus den Augen zu verlieren, dass Gottes Vision auch Gottes Vision bleibt. Sie ist sein Eigentum und er kann sie jederzeit wieder zurückfordern, so wie er von Abraham forderte, Isaak zu opfern. Wir haben kein Recht darauf, denn sie gehört ihm. Daher nimmt Gott manchmal unsere Vision zurück, nur um sie später viel intensiver zurückzugeben.

Reaktion → bringt Realität	• den Preis bezahlen • das Verhalten ändern (Zeit, Kraft, Geld) • die Vision Gott zurückgeben

Unsere Zeit steckt voller Möglichkeiten, ist jedoch arm an Menschen, die eine Sicht für eine bessere Zukunft haben.

Wer Visionen hat, sollte besser ins Krankenhaus, so Altbundeskanzler Helmut Schmidt. In der Tat wird der Begriff sehr inflationär gebraucht und jede Idee wird schnell als Vision präsentiert. Geistlich inspirierte Visionen bringen Menschen in Bewegung für eine Sache, die dem Leben dient. Unsere Zeit steckt voller Möglichkeiten, ist jedoch arm an Menschen, die eine Sicht für eine bessere Zukunft haben und dafür Verantwortung übernehmen. **S.T.A.R.** ist eine Gehhilfe, um dem Reden und Handeln Gottes im eigenen Leben auf die Spur zu kommen und Gruppen eine Richtung zu geben, die sinnvoll und erfüllend ist.

Zentrische Gruppen formieren sich durch eine gemeinsame Vision und gemeinsame Werte sowie durch tragfähige Beziehungen. Sie schaffen eine Dynamik, die von innen kommt, und sind das Leben, das durch Menschen an andere Menschen weitergegeben wird. Mit anderen Worten: Christus in uns, die Hoffnung der Herrlichkeit!

So geht's weiter ...

Welche Vision hast du für deine Stadt, deine Region oder dein Bundesland?

Vision im eigenen Leben stärken

Nimm die nachstehenden Fragen als Gelegenheit, das Thema persönlich oder im Gespräch mit deinen Freunden zu vertiefen.

1. Wie hat Gott bereits in mein Leben gesprochen?

2. Was kann ich für die Zukunft »sehen«?

3. Angenommen, Gott würde ungehindert durch mein Leben zum Zuge kommen ... Wie würde dies aussehen und was würde passieren?

IMAGINE ...
EINE ANLEITUNG FÜR WELTVERBESSERER

Marcus Hausner, Vineyard Filstal

Ich bin in meinen frühen 20ern – eigentlich ein zufriedener Mitarbeiter einer evangelischen Kirchengemeinde. Dann stoße ich bei der Lektüre des Magazins »Gemeindewachstum« auf einen Bericht über eine Gemeindegründung. Blitz! Ich bin elektrisiert. Ein Aha-Erlebnis. Das ist ja ein Ding – Kirche noch mal neu erfinden. Geht das? Und: Ist das eigentlich erlaubt? Eine Idee setzt sich in meinem Leben fest – ich kriege sie nicht mehr los.

Es folgt der Berufseinstieg nach dem Studium, Familiengründung – das Leben hält mich beschäftigt mit Fragen wie Windelwechseln, Marketingstrategien, Wohnzimmer tapezieren und den Nachwuchs spazieren fahren. Wo bleibt das Reich Gottes? Deutschland, die Kirche, ja so vieles muss doch so dringend gerettet werden, und ich ertrinke im Profanen, im Diesseitigen, im allzu Menschlichen und Notwendigen. Die Zeit schwindet – die Faszination bleibt. Könnte es sein, dass wir »Biotope der Hoffnung« gestalten können, die ewige Wahrheiten des Evangeliums weitertragen und den Menschen von heute zur Jüngerschaft anleiten?

In den 90ern suche ich den Kontakt zu Gemeindegründern – besuche, obwohl ich keine Zeit und kein Geld dafür habe, eine Schule für Leiterschaft. Am Ende des ersten Jahres habe ich eine Dienstphilosophie (was für ein Wort!) zu schreiben und gehe den Fragen nach: »Was hat Gott in mein Leben gesprochen, was habe ich bisher von meinem Auftrag verstanden? Wie könnte ich das in meinem Leben umsetzen?« Ich traue mich erstmals, meinen Traum schriftlich festzuhalten: »Ich träume von einer landeskirchlichen Gemeindegründungsbewegung in Baden-Württemberg, die ein Prozent der Menschen in diesem Land zu einem jesusmäßigen Leben inspiriert.«

Sofort kommen Gedanken: »NEIN! Du bist doch größenwahnsinnig, du kannst doch Jesus nicht für deine Profilneurose missbrauchen. Und überhaupt. Das geht gar nicht. Entweder Gemeindegründung ODER Landeskirche. Apfel oder Birne. Einen Birpfel gibt es nicht.« Zweifel und Ängste sind da. Aber da ist auch eine leise und doch starke Leidenschaft. Eine innere Gewissheit: Marcus, das hat was mit dir zu tun. Das ist etwas, das dir mitgegeben ist. Oder wie Ignatius von Loyola sagte: »Finde das Eine, das nur du der Welt geben kannst, und schenke es ihr ungeteilt.«

Ich reiche diese Arbeit ein, es gibt ein Auswertungsgespräch und ich sitze einem gestandenen Gemeindegründer gegenüber – wir gehen die einzelnen Inhalte der Arbeit durch ... mein Herz pocht ... was wird er wohl zu meinem Traum sagen? Bin ich fähig dazu ... ergibt das alles einen Sinn? Gedanken, Zweifel und Hoffnungen rasen durch meinen Kopf. Dann sagt er: »Marcus, du hast da deinen Traum, deine Vision beschrieben, nicht wahr?«

Ich schlucke schwer. »Ja.«

»Nun«, so höre ich ihn fortfahren, »das klingt ganz realistisch ... bleib einfach dran und ...«

Da explodiert etwas in meinem Herzen. Eine Mischung aus Respekt, Hoffnung, Seligkeit, Verantwortung und Ratlosigkeit. Ich war da also einer Sache auf der Spur, die irgendwie immer realer wurde.

Die Zeit geht ins Land – in der Ehe wachse ich, die Kinder wachsen mit, der Beruf wird überschaubarer. Wie geht es weiter? Gemeindegründung, Landeskirche – das meine ich verstanden zu haben, aber wie und wo und womit und mit wem? Fragen über Fragen. Eine Gelegenheit tut sich auf. In einer Ortsgemeinde. Ein Projekt soll es sein. Für junge Familien und junge Erwachsene. Klingt gut. Gott scheint es auch so zu sehen. Wir beginnen – starten und ... scheitern. Nach zwei Jahren haben wir (unrealistische?) Erwartungen geweckt und nicht erfüllt. Ich gehe zurück in den Beruf. Bin frustriert und enttäuscht – zuerst von mir selbst, von meiner mangelnden Kompetenz und meiner mangelnden Fähigkeit, Gottes Stimme zu hören. Aber auch vom »real existierenden Christentum«. Ich habe die frommen Spiele satt, die Erwartungslosigkeit und die Selbstzufriedenheit einiger weniger, die den Auftrag und die Leidenschaft Gottes für ihm fernstehende Menschen vergessen haben. Nach außen hin funktioniere ich, nach innen bin ich traurig und trocken.

Mein Traum? Ja, der ist noch da, aber ich will ihn nicht mehr. Es tut zu weh. Die Enttäuschung ist zu groß. Jesus ist noch immer meine große Liebe –, aber er soll mich bitte mit allem anderen zufriedenlassen! Das geht so eine ganze Weile, bis zwei Hausfrauen aus Liverpool für eine knappe Woche bei uns zu Hause zu Gast sind. Freunde eines Freundes, der meint, sie sollten unbedingt mal kommen. Sie sind so anders ... Sie sind irgendwie jesusmäßig unterwegs ... Sie können sich in einem Moment für das Kuchenrezept meiner Frau begeistern, im nächsten total intensiv für Menschen beten. Sie leben aus der Kraft des Wortes Gottes und bleiben dabei Mensch.

Mit dem Beginn des neuen Jahrtausends beginnt so für mich eine neue Liebesgeschichte. Ich lerne die Vineyard kennen. Entdecke, dass sie für eine Spiritualität steht, die für mich Sinn macht und mir eine positive Vorstellung von dem gibt, was es bedeutet, Jesus nachzufolgen. Ich treffe in der Vineyard meinen langjährigen Freund Jochen Hackstein aus landeskirchlichen Zeiten, der mittlerweile in Ostberlin Gemeinde gründet. Und da ist er wieder. Mein Traum. Könnte es sein, dass wir Vineyards in der evangelischen Kirche gründen? Die Idee einer evangelischen Laienbewegung entsteht.

Jochen geht zu seiner Kirchenleitung nach Berlin und das Undenkbare passiert. Er hält bereits nach wenigen Monaten eine Vereinbarung in der Hand, welche die Vineyard in Berlin als Laienbewegung in der Kirche verortet. Die Vineyard-Bewegung unterstützt uns dabei und ich gehe meine ersten Schritte im Schwabenland. Wir eröffnen den Dialog mit der Kirche und laden Menschen ein, diesem Traum im eigenen Leben Raum zu geben.

Heute staunen wir über eine Handvoll Projekte, die sich als Teil der evangelischen Laienbewegung verstehen. Gewöhnliche Menschen, die mit einem ungewöhnlichen Gott rechnen und ihr Leben dafür verlieren, dass sich sein Reich ausbreitet. War das alles so geplant? Nein. Die Konstante in diesen vergangenen zwanzig Jahren war eine Sehnsucht, ein Hunger, eine Leidenschaft, die mit der Zeit Stück für Stück ein Bild zeichneten.

Vor zwei Jahren stand ich auf unserer Terrasse und hörte mich ein Gebet beten: »Danke, Gott, dass ich weiß, wozu ich auf diesem Planeten bin. Das ist sehr kostbar.« Meinem Traum zu folgen hat einen Preis – das eigene Leben zu verlieren –, aber er bringt eine Lebensqualität mit sich, die ich um nichts in der Welt missen möchte. Oder um mit den Worten von Che Guevara zu schließen: »Wenn du nichts hast, wofür du bereit bist, zu sterben, hast du auch nichts, wofür es sich lohnt zu leben!«

FORMEN VON GEMEINSCHAFT

Wesen und Wirkung von Gruppen verstehen

▸ Geregelte Gruppen
  Wesen: Definieren sich über Kriterien, Regeln und
  Grenzen.
  Stärke: Gruppe gibt Ordnung und Orientierung.
  Schwäche: Gruppe bleibt starr und kann Unfreiheit
  schaffen.
▸ Offene Gruppen:
  Wesen: Verzichten auf jede Definition und Richtung.
  Stärke: Gruppe schafft Raum für Experimente und
  Ad-hoc-Projekte.
  Schwäche: Der Einzelne bleibt das Maß der Dinge und
  es gibt keine gemeinsame Richtung.
▸ Zentrische Gruppen
  Wesen: Setzen sich zu einem gemeinsamen Zentrum in
  Beziehung.
  Stärke: Gruppen fördern Freiheit und Verantwortung.
  Schwäche: Hoher Anspruch an Führung der Gruppe.

Beziehungen sind der Kern

▸ Eine Kultur der Liebe, Annahme und Vergebung
  zeichnet Jesusnachfolger aus.
  Liebe tilgt Furcht (vgl. Lukas 15,20).
  Annahme tilgt Scham (vgl. Lukas 15,22).
  Vergebung tilgt Schuld (vgl. Lukas 15,24).
▸ Beziehungen sind stark **D.A.N.K.!** Vertrauen
  D – Sei direkt – »Ich sage, was ich denke.«
  A – Sei annehmend – »Ich nehme den anderen an.«
  N – Sei nachvollziehbar – »Ich bin offen und transparent.«
  K – Sei korrekt – »Ich tue, was ich sage.«

Vision – Mit Gottes Perspektive die Welt sehen

▸ S.T.A.R. – Elemente einer geistlich inspirierten Vision
  S – Sicht entwickeln – bringt Klarheit.
  T – Test bestehen – bringt Beharrlichkeit.
  A – Anziehungskraft erfahren – bringt Leidenschaft.
  R – Reaktion ermöglichen – bringt Realität.

5. Biotope der Hoffnung entwickeln

Es macht die Wüste schön,

dass sie irgendwo

einen Brunnen birgt.

Antoine de Saint-Exupéry

Um was geht es in diesem Kapitel?

▸ Die Elemente einer Bewegung

▸ Der Auftrag einer Bewegung
  Finden – Fördern – Freisetzen

▸ Die Prioritäten einer Bewegung
  UP, IN, OUT
  Zwölf Gewohnheiten für einen jesusmäßigen
  Lebensstil

▸ Die DNA einer Bewegung – Biotope der Hoffnung
  im Überblick

DIE ELEMENTE EINER BEWEGUNG

Für die Ausbreitung einer Bewegung, die nicht nur die unzufriedenen Christen »umtopft«, sondern die die Kraft besitzt, Jesus fernstehende Menschen zu einem jesusmäßigen Leben zu inspirieren, sehen wir drei Elemente als buchstäblich elementar: die Gegenwart Gottes, Systeme, die zur Aktion anleiten, und Beziehungen.

Was braucht es, um Jesus fernstehenden Menschen eine geistliche Heimat zu geben?

1. Gegenwart Gottes

Weltweit wächst das Christentum dort stärker als alle anderen nichtpolitischen Bewegungen, wo bewusst mit der Kraft des Heiligen Geistes gerechnet und diese für Evangelisation und Gemeindeaufbau genutzt wird. Diese Erkenntnis ist eigentlich nicht neu. Bereits in den 1970ern erkannten dies (ehemalige) Missionare und damalige Gemeindeaufbauexperten wie beispielsweise Donald McGavran. Sie waren es auch, die John Wimber inspirierten, Gemeindeaufbau mit Zeichen und Wundern zu verbinden. Dieser Versuch ist, wie wir heute wissen, gelungen. Ein »kognitives« und »entmystifiziertes« Christentum hat der esoterischen und postmodernen Welle von Hedonismus und Relativismus nichts entgegenzusetzen. Menschen werden sich mit dem Angebot Jesu auseinandersetzen, wenn sie erleben, dass dieser Jesus ihnen etwas zu sagen hat. Sie erleben Heilung, Befreiung und Zeichen der Herrschaft Gottes in unserer Zeit. Wie kann das geschehen? Es bedeutet im Einzelnen, dass wir:

Ein »kognitives« und »entmystifiziertes« Christentum hat der esoterischen und postmodernen Welle von Hedonismus und Relativismus nichts entgegenzusetzen.

• **die Person des Heiligen Geistes willkommen heißen**
  Wenn wir als Gemeinschaften zusammen sind oder alleine vor Gott sind, sollten wir bewusst Raum für den Heiligen Geist schaffen. Wir verfügen allerdings nicht darüber, wann und wo er weht. Wir drücken vielmehr unsere Sehnsucht nach seiner Gegenwart aus und unsere Bereitschaft, ihm in unseren Programmen und Abläufen Platz zu machen. Wir »warten« auf ihn, weil wir uns von seinem Handeln und Reden abhängig machen wollen. Dabei sollten wir eine unaufgeregte, entspannte Atmosphäre bevorzugen, in der Menschen Jesus Christus und nicht den eigenen aufgewühlten Emotionen begegnen können.

Wir »warten« auf den Heiligen Geist, weil wir uns von seinem Handeln und Reden abhängig machen wollen.

Wir bemühen uns, die »Brille der Aufklärung« dort abzulegen, wo sie Gottes Handeln widersteht.

• **Wirkungen des Heiligen Geistes erlauben**

Wenn der Heilige Geist weht, dann zeigt dies Wirkung (Manifestation) und schlägt Wellen. So wie bei einem Stein, der ins Wasser geworfen wird und Wellen schlägt, sind die Wellen nicht das Gleiche wie der Stein bzw. die Wirkungen nicht dasselbe wie der Heilige Geist. Wir sollten also dem Heiligen Geist erlauben zu handeln, ohne dass er unserem Stil und unserem Geschmack zu entsprechen hat. Außerdem sollten wir uns bemühen, die »Brille der Aufklärung« dort abzulegen, wo sie Gottes Handeln widersteht und alles rationalisieren will, statt Gottes Willen höher zu achten. Unsere Einsicht, Erfahrung und Vernunft sind nicht das Maß der Dinge. Des Weiteren sollten wir uns gegenseitig immer wieder ermutigen, die Kontrolle abzugeben. Die Kirche und die Menschen gehören dem großen Hirten Jesus Christus und nicht uns. Lassen wir zu, dass er unsere Agenda durchkreuzt und sein Wille geschieht?

Die Gegenwart des Heiligen Geistes schafft sichtbare Veränderung in Menschen, Gruppen und in der Gesellschaft.

• **auf die Frucht des Heiligen Geistes blicken**

Seine Gegenwart schafft sichtbare Veränderung in Menschen, Gruppen und in der Gesellschaft. Heilung, Befreiung, die Gerechtigkeit Gottes werden sichtbar in neuen Einstellungen und neuem Verhalten. So suchen wir nach Wegen, wie wir mit der Kraft Gottes dort rechnen können, wo ihr Menschen (neu) begegnen können (auf der Straße, am Arbeitsplatz ...). Wenn wir für Menschen bei unseren Treffen und innerhalb unserer Reihen beten, dann können wir das als Ausbildung sehen, dies auch »draußen« zu tun. Somit vermeiden wir Wunder-Tourismus. Außerdem sollten wir erwarten, dass Menschen in Kleingruppen zu Hause sind, damit die Erfahrungen in realen Beziehungen und im Alltag verankert werden.

Wir sind zutiefst davon überzeugt, dass wir dem Auftrag Gottes nicht einmal ansatzweise gerecht werden können, wenn wir diese Dimension zwar vielleicht theologisch bejahen, jedoch faktisch in unseren Reihen keine »erlösende Kraft« spürbar ist. Die erfahrbare Gegenwart Gottes ist der Scheidepunkt für die Durchschlagskraft einer Reich-Gottes-Bewegung. Menschen können uns Christen attraktiv finden, weil wir authentische Beziehungen leben, jedoch werden sie ihr Leben nicht verändern (Umkehr, Buße), wenn sie dem Auferstanden nicht persönlich begegnen.

2. Systeme

Strukturen und Systeme haben die Tendenz, nach einiger Zeit ein Eigenleben zu entwickeln und mehr dem Eigenerhalt zu dienen als den Menschen, die in ihnen leben. Daher sind gemeinsame Werte, eine gemeinsame Vision und gelebte Beziehungen als Grundlage so wichtig. Außerdem sollten folgende drei Grundvoraussetzungen vorhanden sein: Freiwilligkeit, Transparenz und Eigenverantwortung. Gesunde Systeme bringen die eigene und die gemeinsame Gotteserfahrung »auf den Boden«.

- **Freiwilligkeit erlauben**
  Beziehungen im Allgemeinen und die Liebe im Besonderen leben von der Freiwilligkeit. Erst wenn ich die Möglichkeit habe, mich gegen etwas zu entscheiden, wird mein Ja wertvoll. Deswegen sollten wir uns vor jeder Form von Abhängigkeit und »Eltern-Kind«-Beziehungen hüten. Menschen brauchen die Freiheit, sich entsprechend ihrer Gaben und ihrer zeitlichen Möglichkeiten einzubringen.

- **Transparenz schaffen**
  Transparenz meint hier, dass man klar kommuniziert, was genau man erwartet. Wie oft scheitert Gemeinschaft an unausgesprochenen oder unrealistischen Erwartungen, die man an den anderen hat? Daher sollten Erwartungen sowie Rechte und Pflichten klar formuliert werden. Gerade zentrische Gruppen leben von der Kraft geklärter Erwartungen. Dies schafft Transparenz in Bezug auf Integration und Ausrichtung.

- **Eigenverantwortung erwarten**
  Wichtig ist, dass wir Systeme schaffen, die nicht von einer Versorgungsmentalität geprägt sind, sondern die Menschen aktivieren und deren Eigeninitiative stärken. Gesunde Systeme mobilisieren, anstatt zu versorgen, und »belohnen« die Knechte, die ihre Talente einsetzen. Sie schaffen Orientierung und fördern im besten Falle den Auftrag und

das Leben der Menschen, die in ihnen leben. Außerdem sind sie multiplizierbar, ohne dass die Menschen immer und überall das Gleiche tun müssen. Die Systeme, die wir bauen, sorgen für Aktion, oder mit anderen Worten: Wenn Menschen die Kraft Gottes in ihrem Leben erfahren, dann helfen ihnen gesunde Systeme dabei, diese Erfahrung in der Gemeinschaft und persönlich »auf den Boden« zu bringen. Ein Mentoring-System in einer Gemeinde kann beispielsweise sicherstellen, dass Menschen einen Ansprechpartner haben sowie in Fragen der persönlichen Lebensführung, der Mitarbeit in der Gemeinde oder des geistlichen Wachstums begleitet und gefördert werden. So kann die Absicht, Menschen zu unterstützen, praktisch werden.

3. Beziehungen

Beziehungen halten zusammen und integrieren die Einzelnen in der Gruppe. Wir bauen geistliche Familien und keine frommen Organisationen. Dabei sollten wir in Kauf nehmen, dass Prozesse länger dauern, dass wir immer wieder verletzt und enttäuscht werden und dass Wachstum wie auch Veränderung immer mit Abschied nehmen zu tun hat. Andere wichtige Aspekte zum Thema »Beziehung« findest du in Kapitel 4.

Beziehungen halten zusammen und integrieren.

DER AUFTRAG EINER BEWEGUNG: FINDEN – FÖRDERN – FREISETZEN

Der grundlegende Auftrag ist bekannt und braucht nicht einzeln herausgefunden zu werden: »Gehet in alle Welt ... macht zu Jüngern ...« Dieses »System« Gottes können wir am Leben Jesu beobachten, der Menschen fand, sie förderte und anschließend mit einem Auftrag freisetzte. Jesus gibt uns in den Evangelien selbst viele wertvolle Beispiele, wie wir mit Menschen umgehen sollen. Er ist mit den Menschen ein Stück des Weges gegangen: Er hat sie gesucht, gefunden, gefördert und in Verantwortung gesetzt.

Jesus ist mit den Menschen ein Stück Weg gegangen ...

Finden	Fördern	Freisetzen
• Entdecken	• Trainieren	• Stärken
• Gewinnen	• Beauftragen	• Begleiten

»Invest in like-minded people«, sagte vor Jahren Nicky aus South Liverpool zu mir (Marcus). Investiere in Menschen, die so denken und so sind wie du. Wir hatten eine Gebetszeit im Gottesdienst, Gott war da und ich hörte diese Worte aus dem Mund einer zehn Jahre jüngeren Frau. Eine Empfehlung, die mir Mut machte, meine Stärken, die ich bereits im Beruf lebte, nicht als fleischliche »Macken« abzutun, sondern sie in Menschen zu investieren, die so das Reich Gottes ausbreiten. Wie kann man eine Kultur hervorbringen, die Menschen findet, fördert und in ein eigenverantwortliches Leben als Jesusnachfolger freisetzt?

Finden bedeutet ...

- **Menschen entdecken**
  Es geht um offene Augen und einen wachen Geist, um zu erkennen, wo Menschen Potenzial haben. Wir beten für Einzelne und versuchen zu verstehen, wie und was Gott über sie denkt. Dies dient zum einen dazu, herauszufinden, wie wir Jesus fernstehenden Menschen angemessen begegnen, dienen oder wie wir mit ihnen unseren Glauben teilen können. Ebenso sollten wir aber auch bei der Auswahl von Mitarbeitern, insbesondere von Leitern, auf Merkmale wie Selbstlosigkeit, eine vitale Beziehung zu Jesus, Treue, Zuverlässigkeit, Transparenz, Bewährung im Leben und Teamfähigkeit achten. Auch in dieser Hinsicht ist persönliche Wahrnehmung und geistlich-hörendes Beobachten hilfreich.

Finden bedeutet ... offene Augen und einen wachen Geist.

Leitfragen:

- Gebet: Gott, was denkst du über und fühlst du für diesen Menschen? Was hast du für ihn?
- Charakter: Welche charakterlichen Merkmale sind bereits stabil entwickelt?
- Potenzial: Welches Potenzial hat dieser Mensch? Was kann/könnte dieser Mensch sein/werden? (Nicht: Was ist er heute.)

- **Menschen gewinnen**

  Es geht darum, Menschen für Jesus zu gewinnen und sie in Jüngerschaft zu begleiten. Wir wollen sie mit der Liebe Gottes und seiner Wahrheit gewinnen. Wenn sie mit Jesus gehen wollen, ist es unser Wunsch, dass sie die Vision und Berufung für ihr Leben erkennen und bereit sind, Training anzunehmen. Hier ist die Fähigkeit des Leiters wichtig, mit Menschen mitzugehen, eine Beziehung zu entwickeln, Vertrauen aufzubauen, damit sie Jesus nachfolgen und sich einbringen.

Leitfragen:

- Vertrauen: Wie kann ich Vertrauen aufbauen?
- Kommunikation: Wie gut kommuniziere ich die Konsequenzen der Nachfolge oder der Leiterschaft?
- Respekt: Wie nachvollziehbar zeige ich Menschen Respekt und Wertschätzung?

Fördern bedeutet ...

Fördern bedeutet ... an Menschen glauben.

- **Menschen trainieren**

  Trainieren heißt nicht zuerst, Wissen vermitteln. Wir glauben, dass Verhalten und Lebensstil von Menschen sich durch glaubwürdige Vorbilder, die Lehre biblischer Prinzipien und die Kraft des Heiligen Geistes nachhaltig verändern. Daher wollen wir mit Menschen mitgehen, Beziehung und Vertrauen aufbauen und an sie glauben.

Leitfragen:

- Glaubwürdiges Vorbild: Wo bin ich bereits heute ein glaubwürdiges Vorbild, welche anderen Bereiche verdienen besondere Aufmerksamkeit?
- Biblische Prinzipien: Wo lebe ich biblische Prinzipien, wo rede ich mehr, als ich handle?
- Kraft des Heiligen Geistes: Wo und wie hat der Heilige Geist die Erlaubnis und den Raum, Menschen tief greifend zu berühren und zu verändern?

- **Menschen beauftragen**

  Beauftragung meint, Menschen einzusetzen und ihnen Verantwortung und Autorität für bestimmte Tätigkeiten zu geben. Wir wollen durch Delegation und Impartation (geistliche Bevollmächtigung) Menschen wachsen sehen.

Leitfragen:

- Potenzial: Welchen Menschen in meinem Umfeld kann ich mehr als bisher zutrauen?
- Delegation: Welche meiner Aufgaben sind nicht delegierbar, welche sind es?

Freisetzen bedeutet ...

- **Menschen begleiten**

  Wenn Menschen beauftragt sind, ist die Arbeit des Mentors, des Leiters nicht zu Ende. Eine Feedback-Kultur und persönliche Begegnungen tragen dazu bei, Menschen zu stärken und sie zum Leben zu befähigen.

> Freisetzen bedeutet ... loslassen lernen.

Leitfragen:

- Feedback: Welche Feedback-Kultur haben wir im Leitungsteam und im Mitarbeiterteam?
- Art der Rückmeldung: Gebe ich meinen Mitarbeitern persönlich, zeitnah und konkret Rückmeldung?
- Begegnung: Schaffe ich bewusst Raum und Zeit für persönliche Begegnungen mit Menschen?

- **Menschen stärken**

  Der Mensch kommt immer vor Programmen und Zielen. Wir wollen den ganzen Menschen im Blick halten mit seinen Bedürfnissen, Fragen und auch Nöten. Wenn es den Menschen nicht gut geht, werden sie logischerweise auch ihre Arbeit nicht gut tun.

Leitfragen:

- Menschenbild: Welches Menschenbild habe ich? Sehe ich Menschen als »Erfüllungsgehilfen meiner Vision« oder als mir anvertraute Geschwister, die im gleichen Weinberg arbeiten?
- Geduld: Gehe ich die zweite Meile mit? Wenn Menschen nicht »funktionieren«, bin ich dann auch da, oder gebe ich Anerkennung nur, wenn die Leistung stimmt?
- Flexibilität: Bin ich bereit, mich auf die unterschiedliche Schrittweite und Geschwindigkeit von Menschen einzustellen?

Wenn man sich an diesen Phasen orientiert, wird man Menschen bevollmächtigen; es bedeutet gleichzeitig aber auch, in einer gewissen Unsicherheit zu leben, denn man muss ständig die eigene Position, die eigenen Tätigkeiten sowie die der Gruppe neu definieren. Und es wird nicht immer einfach sein. Wenn jedoch Jesus zu seinen Nachfolgern sagte: »Wie mich der Vater sandte, so sende ich euch« (vgl. Johannes 20,21), dann wollen wir dem folgen: Menschen gewinnen, fördern und freisetzen in den Bereichen, für die wir berufen sind.

Meine Gedanken:

Mit Mathe ging es los ...

Daniel Dittmer, Vineyard Hamburg-Harburg

Ich leite seit einigen Jahren bei uns den Jugendkreis. Als ich damit anfing, gab es da einen Jungen, der eher auf Abstand zur Gemeinde, zur Jugend und einer persönlichen Beziehung zu Jesus ging. Zwar kannte man sich, aber ein wirklicher Kontakt bestand nicht. Seine Eltern waren schon lange bei uns in der Gemeinde und fragten mich irgendwann, ob ich nicht Lust hätte, ihm in Mathe Nachhilfe zu geben. Nun, die Mathematik gehört nicht zu meinen besonderen Stärken. Aber gut – Kontakt zu potenziellen Jugendmitgliedern konnte ja nicht schaden.

Da weder er noch ich große Genies in Mathe waren, entwickelte sich die eine oder andere Nachhilfestunde hin zu einer Diskussion über das Leben und gelegentlich auch über Gott. Innerhalb der Gemeinde wurde immer einmal wieder gefragt, wieso ich ihn denn nicht endlich in die Jugend einlud. Nach der Vorstellung einiger Leute hätte er doch bereits in den Gottesdienst kommen können –, aber es war nach meinem Empfinden einfach noch nicht dran. Ich gab ihm lieber den Raum und Abstand, den er bevorzugte.

Wenn ich mich noch richtig daran erinnere, wollte ich eines Abends mit seinen Eltern gemeinsam in die Gemeinde zu irgendeinem Treffen fahren. Zwischen Tür und Angel meinte seine Mutter zu ihm, er solle mir doch mal von seiner Entscheidung für Jesus erzählen – den Abend verbrachte ich natürlich nicht in der Gemeinde. Durch diese persönliche Entscheidung für Jesus wurde aus der anfänglichen Mathe-Nachhilfe nun eine Art Mentoring-Beziehung. In den vielen Gesprächen ging es häufig um Fragen, wieso man als Christ eigentlich dies tun und jenes lieber sein lassen sollte. Während des ganzen Prozesses wurde mir deutlich, dass Gott mir dort eine Person anvertraute, die in einer ehrlichen Art und Weise nach Gott und seinem Wirken im Alltag fragte. Da war auch Platz, Dinge mal infrage zu stellen und offenzulassen.

Mittlerweile gehört er fest zu unserer Jugendgruppe und prägt diese durch seine Persönlichkeit. Noch erstaunlicher finde ich seinen Einsatz und seine Leidenschaft, auf der Straße für Menschen zu beten. Seit einer Konferenz in Hamburg stellt er sich mit anderen Jugendlichen jeden zweiten Samstag in die Fußgängerzone und bietet Gebet für die Passanten an.

Was mich aber noch viel mehr begeistert ist seine Bereitschaft, sich selbst in die Nächsten zu investieren. Das sieht er vielleicht noch gar nicht, aber es ist so. Mir erging es anfangs nicht anders – Gott hat meinen Blick für das Potenzial, das er freisetzen möchte, erst nach und nach geschärft. Die ganze Geschichte hat mich selbst neu motiviert, in Leute zu investieren, ihr Potenzial zu erkennen und Gott zu fragen, wie man es freisetzen kann.

Das also bedeutet, dass ...

- in jedem ein Potenzial steckt, das es zu entdecken gilt.
- Menschen Raum brauchen, um sich und Gott zu finden.
- wir Geduld und Feinfühligkeit haben müssen, wenn wir uns in Menschen investieren.

Welche Menschen will ich finden, fördern und freisetzen?

Schreibe in die nachstehende Übersicht, welche Menschen sich in deinem privaten, beruflichen und gemeindlichen Umfeld bewegen.
- Welche Menschen stehen derzeit in welcher Phase?
- Welche Aktivitäten würden diese Menschen einen Schritt weiterführen?

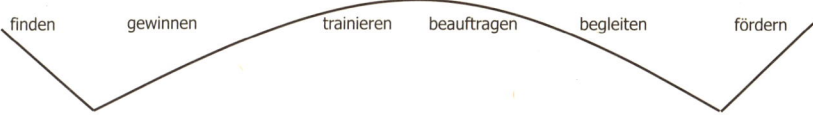

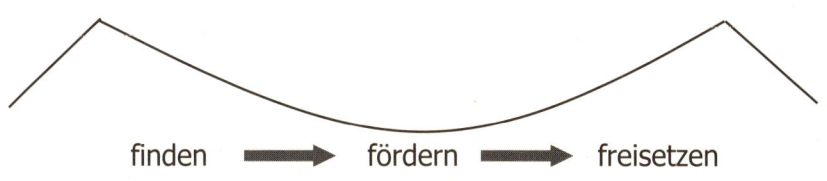

DIE PRIORITÄTEN EINER BEWEGUNG:
UP, IN UND OUT

Echte Prioritäten zeigen sich an den Dingen, die man regelmäßig tut, und nicht an den Dingen, über die man regelmäßig spricht.

Prioritäten sind die Pfeiler unseres Gebäudes. Es sind die Aktivitäten und Handlungen, die man zuerst wahrnimmt, wenn man in eine Gemeinde oder Gruppe kommt. Was sieht ein Besucher, wenn er zum ersten Mal bei euch ist? Was ist den Menschen wohl wirklich wichtig? Echte Prioritäten zeigen sich an den Dingen, die man regelmäßig tut, und nicht an den Dingen, über die man regelmäßig spricht. Man macht nicht nur Werbung für sie. Es handelt sich um die Tätigkeiten, für die wir unsere Zeit, unsere Kraft und unser Geld einsetzen. Prioritäten sind messbar.

Prioritäten schaffen Stabilität und Kontinuität in einer Zeit, in der es so viele Möglichkeiten gibt.

Prioritäten sind wie die Säulen eines Gebäudes, die direkt aus dem Fundament herausragen. Die gesamte Struktur wird um die Säulen herum gebaut. Sie sind entscheidend für den gesamten Erfolg des Baus. Prioritäten haben ihr Fundament in geklärten Werten, Beziehungen und einer gemeinsamen Vision, die ausgesprochen sind und um die herum ein Konsens gefunden wurde. Man setzt sie ganz automatisch und überall, egal ob man schon über sie nachgedacht hat oder nicht, ob man sie bewusst gewählt oder unbewusst übernommen hat. In Bezug auf die persönliche Entwicklung ist es leicht zu sehen, dass man, solange man nicht die eigenen Werte, Strategien und Ziele formuliert hat, über kurz oder lang die Ziele von anderen Leuten erfüllen oder für sie arbeiten wird. Dies wiederum führt zu einer »kognitiven Dissonanz« – was auf Deutsch nichts anderes heißt, als dass man im inneren Konflikt lebt, da man nach den Zielen und Werten anderer Leute lebt.

Prioritäten helfen uns, uns auf die wesentlichen Dinge zu konzentrieren. Das Wort Priorität kommt vom lateinischen »prior« (oben, zuerst, über). Das bedeutet, dass Prioritäten eben die Dinge sind, die zuerst zu tun sind. Was das genau ist, wird durch unsere Vision und unsere Werte definiert. Prioritäten sollten sichtbar unsere unsichtbaren Werte wiedergeben. Sie führen zu dem, was wir tun, und sind abzuleiten von dem, wer wir sind, warum es uns gibt und wohin wir gehen wollen.

Sobald unsere Prioritäten geklärt sind, lassen sich alle anderen Dinge von ihnen ableiten – unsere Ziele, unsere Strategien, unsere Programme und alles weitere Handeln. So geben Prioritäten uns die Möglichkeit, unsere Kraft und unsere Energie auf das Wesentliche zu konzentrieren und auch in der Spur zu bleiben, wenn uns vielfältige Möglichkeiten locken. Prioritäten stellen außerdem die Frage nach der Effektivität: »Tun wir die richtigen Dinge?«, und nicht nur »Tun wir die Dinge richtig?«

Prioritäten unterstützen uns in dem ewigen Kampf zwischen dem Dringenden und dem Bedeutenden, zwischen Reagieren und Agieren, zwischen all den exotischen und den wirklich wichtigen Dingen. Wenn wir beständig das Wesentliche tun, wird das Wesentliche unter uns Bestand haben und uns davon abhalten, Abkürzungen zu suchen, die nur zur Frustration führen. Es ist sehr radikal, sich selbst dazu zu verpflichten, die fundamentalen und grundlegenden Dinge zu tun und diese sehr gut zu tun. In der Vineyard-Bewegung ermahnen wir uns immer wieder dazu: »We must do and teach the main and the plain« (»Wir müssen das Wichtige und das Einfache lehren und tun«). Wenn wir konstant die grundlegenden Prioritäten ohne Ablenkung tun, werden wir früher oder später unseren Auftrag erfüllen. Wir dürfen jedoch nicht unterschätzen, was das an Glaube, Fokus, Vision, Beständigkeit und Durchhaltevermögen von uns fordert.

Prioritäten helfen einem neuen Besucher, sich schnell zu orientieren. Er sieht sofort, was dieser Gruppe oder Gemeinde wichtig ist und worauf er sich einlässt, wenn er Teil dieser Gemeinschaft wird. Prioritäten schaffen Stabilität und Kontinuität in einer Zeit, in der es so viele Möglichkeiten gibt, so viele Lehren und Umstände und ein ständiges Kommen und Gehen – auch im geistlichen Lager. Sie sind wie Heftklammern, die das Wesentliche zusammenhalten. Sie helfen uns, eine Kultur und ein gemeinsames Verständnis der Gruppe oder Gemeinschaft zu entwickeln. Sobald die Prioritäten formuliert sind, geht es darum, einen Weg zu finden, diese vorzuleben, sie zu lehren, auf ihrer Basis sowohl Entscheidungen zu treffen als auch Menschen dazu zu befähigen, dies selbst zu tun, sowie Strukturen zu schaffen, in deren Rahmen sie ausgelebt werden können.

Ist beispielsweise Anbetung eine Priorität, muss dies durch die Leiterschaft auch so vermittelt werden. Anbetung sollte selber gelebt werden, es sollte regelmäßig über sie gelehrt werden und Menschen sollten befähigt werden, sie in der Gemeinde wie auch privat zu praktizieren. Das wiederum bedeutet, dass man Anbetungsleiter ausbildet, Lobpreisteams bildet und für eine entsprechende Ausbildung sorgt. Darüber hinaus kann man weitere Angebote (Seminare, einzelne Treffen etc.) schaffen, um dieser Priorität mehr Form und Struktur zu geben.

Wie bei den Werten ist es auch hier von Bedeutung, nicht zu viele Prioritäten gleichzeitig zu verfolgen und zu versuchen, zu viel zu tun, meistens mit dem Ergebnis, dabei wenig oder nichts zu erreichen. Natürlich können mehrere verschiedene Aktivitäten und Programme um eine einzelne Priorität herum geschaffen werden. Wichtig hierbei ist, dass klar formuliert wird, was Priorität hat, und sich die Gemeinde insgesamt darauf fokussiert.

Wir beschreiben nun drei Prioritäten, die wir in der persönlichen wie gemeinschaftlichen Jesusnachfolge leben.

▸ UP (nach oben) – Bewegung hin zu Gott
▸ IN (nach innen) – Bewegung zueinander
▸ OUT (nach außen) – Bewegung in die Welt

UP – BEDEUTET BEWEGUNG NACH OBEN, BEWEGUNG HIN ZU GOTT

Wir sind als Gemeinschaft unterwegs zu Gott. Wir wollen ihn besser kennenlernen, seinen Willen verstehen, seine Liebe erfahren und zu den Menschen werden, die er sich vorgestellt hat. Mit »UP« nimmt alles seinen Anfang. Mit unserer Hinwendung zu Gott vollziehen wir immer wieder einen Herrschaftswechsel – persönlich oder mit anderen gemeinsam. Der König Jesus ruft in die Nachfolge, in den Gehorsam, und wir reagieren mit unserer (Lebens-)Zeit, mit unserer (Lebens-)Kraft und mit unserem Geldbeutel. Gewohnheiten helfen uns dabei, diese Bewegung nicht aus unseren täglichen Stimmungen, sondern aus unseren Überzeugungen (u.a. Werten) heraus zu gestalten. Durch Anbetung, geistliche Übungen, Umgang mit der Bibel und Umgang mit Finanzen geben wir unserer Beziehung zu Gott Formen und Regelmäßigkeit.

UP: Bewegung hin zu Gott.

Anbetung

Gott genießt und sucht Anbetung. Sie macht unsere Beziehung zu ihm lebendig. Anbetung gefällt und ehrt Gott. Unsere Liebe und unser Leben sind unser einziges Geschenk an ihn. Wir können ihm heute und für alle Zeit nicht mehr geben.

Ein Lebensstil der Anbetung und der Innigkeit mit dem Vater, dem Sohn und dem Heiligen Geist.

Gott lebte in enger Gemeinschaft mit Adam und Eva. Er bat sein Volk Israel inständig, keinen anderen Gott neben ihm zu zulassen, weil er Sehnsucht nach der Gemeinschaft mit den Menschen hat. Die innige Beziehung zu dem lebendigen Gott bringt uns tiefe Erfüllung und anhaltende Freude und ist durch nicht zu ersetzen. Ein vermeintlicher Ersatz wird niemals befriedigen, schafft nur falsche Nähe und führt zu Versklavung und Abhängigkeiten. Wir werden zu dem, was wir anbeten. Wenn wir Gott anbeten, werden wir in sein Bild verändert, und wir erfüllen den eigentlichen Zweck, für den wir geschaffen worden sind.

- Anbetung heißt auch, Innigkeit mit Gott zu erleben. Wie nah kommst du ihm?
- Welche Schritte kannst du gehen, um in deinem Denken, Herz, Handeln und musikalisch in Bezug auf Anbetung weiter zu reifen?

Geistliche Übungen

Ein Lebensstil, der gesunde geistliche Gewohnheiten entwickelt wie Hören auf Gott, Fürbitte, Fasten, Einsamkeit und Gehorsam.

Geistliche Disziplinen sind Gewohnheiten, die uns offen für Gottes Handeln machen. Wie ein Urlauber morgens an den Strand geht, um in die Sonne zu sitzen und braun zu werden, sind es die geistlichen Übungen, die uns einer Berührung von Gott aussetzen. Sie selbst machen keinen Menschen heilig oder fromm, sondern es ist Gott, der in uns Veränderung schafft. Unsere Aufgabe ist es jedoch, dies auch zu ermöglichen.

Das Wort Disziplin kommt auch häufig in der Welt des Sports vor. Wie ein Athlet sich in verschiedenen Disziplinen trainiert, ist es die Aufgabe des Jesusnachfolgers, in den geistlichen Disziplinen zu wachsen. Leicht wird da der Ruf nach Gesetzlichkeit wach. Es geht jedoch nicht um Regelerfüllung, sondern um die Bereitschaft, seinen Teil am »göttlich-menschlichen« Abenteuer beizutragen, wie es Franz von Sales einmal formulierte.

- Pflegst du deine Jesusbeziehung regelmäßig?
- Kennst du deine Schwächen, wenn es um geistliche Gewohnheiten geht?
- Hörst du auch auf seine Stimme, wenn du mit ihm sprichst?

Umgang mit der Bibel

Ein Lebensstil, der biblische Prinzipien widerspiegelt und die Schrift als Fundament für Glaube und Leben versteht.

Die Bibel ist die Grundlage für unser Leben und unseren Glauben. Welche praktischen Auswirkungen hat dies nun für unser persönliches Leben – privat wie beruflich? Trotz aller Beteuerungen fällt es den meisten Christen schwer, regelmäßig in der Bibel zu lesen. Der Zugang zu den alten Texten und das Etablieren einer regelmäßigen Lesekultur sind Herausforderungen für den modernen Menschen.

Jesusnachfolger brauchen nicht nur das Wissen über biblische Prinzipien und Zusammenhänge, sondern es geht vor allem darum, dass das eigene Denken und der Alltag von ihnen geprägt sind. Kreativität und die Bereitschaft, lebenslang zu lernen, sind die Voraussetzungen, dass wir uns immer wieder neu den ewigen Wahrheiten der Bibel stellen. Wir wollen sie hören, wir wollen ihnen gehorsam sein und danach handeln. Dies ist der einzige Weg, um die Kraft des Evangeliums erleben zu können.

- Welche Rolle spielt die Bibel in deinem Leben?
- Lässt du dich durch die Bibel in eine lebendige Gottesbeziehung führen?
- Was hält dich davon ab, die Aussagen der Bibel noch stärker in deinem Alltag umzusetzen?

Umgang mit Finanzen

Das ganze Leben kostet Geld. Geld bestimmt unseren Alltag, oftmals unseren Selbstwert und unsere Entscheidungen. Die Bibel spricht sehr viel von Geld, weil sie um die Macht des »Mammons« weiß. In unserer Konsumgesellschaft ist es eine besondere Herausforderung, nach biblischen Maßstäben mit Geld umzugehen, und gleichzeitig eine großartige Möglichkeit, um bewusst Zeichen zu setzen. Denn das Reich Gottes kostet auch Geld. Ein bewusster Umgang mit Geld und eine positive Haltung zur Verantwortlichkeit für unsere Ressourcen zeichnen einen Jesusnachfolger aus.

Daher sollten wir uns gegenseitig ermutigen und unterstützen, mit Geld mündig umzugehen. Dort, wo Finanzen zum Hindernis werden, Jesus nachzufolgen (siehe der reiche Jüngling in Matthäus 19,21), brauchen wir neue Lebensgewohnheiten. Jesus nachzufolgen bedeutet, sich nicht auf Sicherheiten zu verlassen oder sich von ihnen abhängig zu machen und trotzdem planvoll und mit Maß mit dem zu haushalten, was er uns anvertraut hat. In dieser Spannung leben wir.

> Ein Lebensstil der Verwalterschaft von finanziellen Gütern, der keine Schulden macht und andere an der von Gott geschenkten Versorgung teilhaben lässt.

- Was geht dir beim Thema Finanzen durch den Kopf?
- Wie kannst du mit einer positiven Haltung Selbstverzicht üben im Wissen, dass Gott sowieso alles gehört?
- Welche Konsequenzen hat ein selbstsüchtiger Umgang mit Geld?

IN BEDEUTET BEWEGUNG NACH INNEN, BEWEGUNG ZUEINANDER.

IN – Beziehung zueinander

Ein Lebensstil, der um die eigenen Stärken, Schwächen, Begabungen und geistlichen Gaben weiß, versöhnt ist mit der eigenen Geschichte und den eigenen Schwächen, und in Jesus Christus die eigene Identität gefunden hat.

Wir sind als christliche Gemeinschaft unterwegs zueinander. Daher wollen wir in tragfähigen Beziehungen leben, in Konflikten unsere eigene Bedürftigkeit erkennen und Heimat für uns und andere sein. In einer Familie entwickeln sich Menschen aus der Abhängigkeit eines Säuglings, aus der Rebellion eines Teenagers zu einem mündigen Erwachsenen, der Verantwortung für sich und andere übernehmen kann und will. Beziehungen, die von Liebe, Annahme und Vergebung geprägt sind, bieten Schutzraum und schaffen Selbstwert. Durch die vier Bereiche Identität, Beziehungen, Ehe/Freundschaft und Mentoring üben wir die Bewegung zueinander ein und beginnen sie zu leben.

Identität

Unsere Identität gibt uns auf die wichtigen Fragen im Leben Antwort. Wer bin ich? Wo komme ich her? Wohin gehe ich? Das Wort »Identität« könnte man auch übersetzen mit »sich gleichmachen mit«. Ein echter Fußballfan identifiziert sich völlig mit seinem Fußballklub, seiner Leistung sowie Erfolgen und Niederlagen. Als Christen ist unser Fokus die Person Jesus Christus. Sein Leben, sein Handeln, sein Wesen wird zu unserer Identität.

Unsere Identität zeigt sich zuerst darin, welches Selbstbild wir haben und woraus wir unseren Selbstwert beziehen. Des Weiteren kann man sie daran ablesen, wie wir unsere Beziehungen leben, wie wir mit Menschen umgehen und wie wir Verantwortung für Aufgaben um uns herum übernehmen. Menschen mit einer klaren Identität ruhen in sich und haben mit sich und ihrer Umwelt Frieden geschlossen. Sie übernehmen Verantwortung für ihr Leben und geben nicht anderen die Schuld für Versagen oder Enttäuschungen, sondern suchen eigenständig im Rahmen ihrer Stärken und Begabungen nach neuen Wegen.

- Wer bist du? Warum bist du auf dieser Welt? Wie könnte deine Zukunft aussehen?
- Welche Bereiche, Menschen, Erfahrungen und Situationen aus der Vergangenheit begrenzen dich noch heute? Wie kannst du mit deiner Vergangenheit Frieden schließen?
- Welche Menschen haben dir dabei geholfen oder können dir helfen, deine wahre Identität zu finden?

Beziehungen

Der Mensch ist auf Beziehungen angelegt. Sie prägen unser ganzes Leben. Durch die liebevolle Beziehung Gottes zu uns Menschen werden wir dazu befähigt, in gesunden und tragfähigen Beziehungen mit anderen zu leben. Unsere Zeit ist geprägt von Anonymität und Beziehungslosigkeit. Gerade auch als Christen müssen wir lernen, Beziehungen zu pflegen.

Wir suchen deshalb Verbindlichkeit, Offenheit und üben Werte wie Liebe, Annahme und Vergebung im geschützten Umfeld von Kleingruppen und christlicher Gemeinschaft ein. Wir geben anderen Rechenschaft, praktizieren Beichte, leben Verletzlichkeit und sind korrekturbereit, weil wir wissen, dass dies unseren Charakter formt und uns dazu befähigt, in lebenslangen ausgeglichenen und gesunden Beziehungen zu leben. Dies ist Arbeit. Es ist ein Weg, den wir nicht alleine gehen können, sondern nur in Gemeinschaft. Wir brauchen einander.

Ein Lebensstil, der geprägt ist von Liebe, Annahme und Vergebung, der mit Veränderungen, Problemen und Kritik konstruktiv umgeht und verbindliche und rechenschaftspflichtige Beziehungen sucht.

- Wer sind deine engsten Freunde?
- Wem kannst du offen und ehrlich alles sagen, beichten und deine Schwächen offenlegen?
- Mit welchen Menschen fällt es dir schwer, Beziehung zu leben? Warum?

Ehe, Familie

Ein Lebensstil, der
gesunde, tiefe und
tragfähige Bezie-
hungen in Ehe,
Freundschaften
und Erziehung
pflegt.

Ein ganz zentraler Bereich unserer Beziehungen ist unsere Familie. Hier haben wir unsere sogenannten Primärbeziehungen. Die Familie ist die Kernzelle, in der wir als Kinder gelernt haben, zu leben und Aufgaben zu bewältigen. Und gerade hier ist es oftmals so herausfordernd, glaubwürdig Nachfolge zu leben. Denn man sieht uns mit unseren Schattenseiten und Grenzen. Gleichzeitig ist die Familie die erste Zelle, in der wir den Auftrag haben, Reich Gottes zu leben. Das Spannungsfeld von Beruf, Gemeinde und Familie ist nicht immer leicht auszubalancieren.

Wir brauchen klare Überzeugungen, Fähigkeiten und nicht zuletzt die Gnade Gottes, damit wir ein Leben lang dem gleichen Menschen treu bleiben und unsere Kinder in die Nachfolge Jesu und ins Leben begleiten können. Es ist es wirklich Wert, Zeichen zu setzen, indem wir starke Familien bauen, die Ehe als Ort der Kraft erleben und ein Leben in Frieden mit unserer Herkunftsfamilie führen. Denn das sind Zeichen für eine Zeit, die vergessen hat, welchen Schatz sie durch die Auflösung von Ehe und Familie verliert.

- Wie hast du deine Herkunftsfamilie erlebt? Was willst du auch so praktizieren? Was willst du anders machen?
- Welche Vorkehrungen kannst du heute treffen, damit du ein Leben lang deinem Partner, deiner Partnerin treu bleiben wirst?
- Welches sind für dich die wichtigsten Aufgaben von Vater und Mutter im Umgang mit den Kindern?

Mentoring

Ein Lebensstil, der
andere Menschen
fördert sowie
Wissen und
Erfahrungen durch
Erklären und
Vorleben teilt.

Als Jesusnachfolger verstehen wir uns als Schüler, die unter dem Meister (Rabbi) lernen. Lernen bedeutet Veränderung. So anregend es für viele ist, Neues zu entdecken, so schwer ist es für die meisten Menschen, alte Gewohnheiten zu verlassen oder zu verändern. Mentoring heißt, sich gegenseitig zu unterstützen und voneinander zu lernen.

Es geht um die persönliche Bereitschaft, Schritte zu gehen, Veränderung zu suchen und immer wieder die Demut zu haben, die Schulbank zu drücken. Gleichzeitig haben wir die Aufgabe, das weiterzugeben, was uns bereits anvertraut ist. Umsonst haben wir empfangen, umsonst sollen wir weitergeben. So machen wir auch die Erfahrung, dass wir lernen, indem wir andere anleiten.

- Was könnte dir eine Mentoring-Beziehung bringen? An welchen Themen deines Lebens möchtest du arbeiten?
- Welche Themen und Fähigkeiten kannst du weitergeben? Welchen Personen könntest du ein Mentor sein?

OUT BEDEUTET BEWEGUNG NACH AUSSEN, BEWEGUNG HIN ZUR WELT.

Out – Beziehung zu den Menschen

Wir sind als Gemeinschaft unterwegs zu den Menschen. Gemäß dem Auftrag Jesu wollen wir ihnen dienen und Licht und Salz sein, sodass sie von Gottes Liebe und unserem Leben berührt werden. Kirche ist nur Kirche, wenn sie für andere da ist – so Dietrich Bonhoeffer. Er bringt damit ein unentbehrliches Wesensmerkmal der Gemeinde Jesu auf den Punkt. Gottes Liebe und Wahrheit gelten der ganzen Welt und allen Menschen. Diese Tatsache können wir als Jesusnachfolger lokal, praktisch und mit wenig Aufwand und Budgets umsetzen. In der Nachbarschaft, in der örtlichen Schule – mitten im Leben eben.

»OUT« ist der Bereich der naturgemäß am schwersten fällt. »UP« und »IN« sind einfacher zu leben. »OUT« bedarf besonderer Aufmerksamkeit und Energie. Eine Gruppe, die sich klar auf eine Aufgabe konzentriert, an der alle beteiligt sind, macht nicht nur im Leben von Menschen einen Unterschied, sondern ermöglicht den Christen ganzheitlich zu wachsen.

Die vier Bereiche »Power Ministry«, Glauben teilen, Barmherzigkeit und eigene Ressourcen ermöglichen eine Bewegung zu den Menschen und bewahren Christen vor frommen Ghettos.

»Power Ministry«

Ein Lebensstil, der den persönlichen Glauben an Jesus Christus vorlebt und frei über das eigene Gotteserleben spricht.

Als Jesus die Abschiedsworte an seine Jünger richtete, versprach er, dass er sie nicht allein zurücklassen würde. Der Heilige Geist sollte kommen, um ihnen bei der Erfüllung des Auftrages zu »helfen«. Auch heute rechnen wir mit der Kraft des Heiligen Geistes. Es ist durchaus natürlich für einen Jesusnachfolger, mit dem Übernatürlichen zu rechnen und zu wissen, dass Gott heute mitten in unserem Alltag ermutigen, trösten, heilen und befreien will. Für uns westlich geprägte Menschen ist es wichtig, unsere Welt mit biblischer Brille zu betrachten. Wir tun uns von Haus aus schwer, mit Übernatürlichem und mit nicht wissenschaftlich Erklärbarem umzugehen.

Wir sollten also den Auftrag Jesu bejahen und seine Werke auch heute tun: Verkündigung des Reiches Gottes, Barmherzigkeit, Heilung, Befreiung und Wunder, die auf die Herrlichkeit Gottes hinweisen. Das alles dürfen wir suchen und erwarten in der Familie, im Supermarkt, im Zug, auf dem Tennisplatz und natürlich auch in der Gemeinde.

> • Welche Chancen und Herausforderungen entstehen, wenn du mehr mit der Kraft des Heiligen Geistes rechnest?
> • Was machst du, um deinen Hunger nach dem Wirken des Heiligen Geistes zu fördern?
> • Wie gehst du damit um, wenn Menschen nicht geheilt werden?

Glauben teilen

Gott wurde Mensch aus lauter Sehnsucht. Er wünscht sich Beziehung, Gemeinschaft und Nähe zu seinem Geschöpf, dem Menschen. Dazu hat er die größte Rettungsaktion in der Geschichte des Universums ins Leben gerufen. Er sandte seinen Sohn, damit alle erkennen, dass Gott uns Menschen liebt. Als Jesusnachfolger sind wir erfasst von dieser Sehnsucht Gottes, von dieser bedingungslosen, grenzenlosen Liebe zu den Menschen. Wenn wir Glauben teilen, dann allein aus diesem Grund. Wir wollen Menschen mit Gott bekannt machen, weil sie es verdient haben, zu erkennen, wer sie wirklich sind, wer sie geschaffen hat und dass eine unbeschreiblich schöne und aufregende Zukunft auf alle wartet, die mit Gott leben. Dazu brauchen wir verschiedene Fähigkeiten, Mut und Anleitung. Gemeinschaften, in denen keine Menschen zum Glauben an den auferstandenen Christus kommen, brauchen Gottes Kraft und Erneuerung. Neue, junge Christen sind eine natürliche Frucht der Jesusnachfolge.

Ein Lebensstil, der mit der Kraft des Heiligen Geistes rechnet und deshalb voller Vertrauen für Kranke, Bedürftige, Schwache und Menschen mit Bindungen betet.

- Möchtest du, dass Menschen zum Glauben an Jesus Christus finden?
- Provoziert dein Lebensstil Fragen über deine Jesusnachfolge bei Menschen, die Gott nicht kennen?
- Was könnte dir helfen, deinen Glauben effektiver weiterzugeben?

Barmherzigkeit

Ein Lebensstil, der mit den Armen und Bedürftigen leidet, sich an sie verschenkt, ihnen mit konkreter Hilfe zur Seite steht und ihnen Zeit und Aufmerksamkeit entgegenbringt.

Der Dienst an den Armen, Verlorenen und Kranken ist ein zentrales Kennzeichen der Kirche Jesu. Barmherzigkeit an Menschen zu üben ist ein natürlicher Ausdruck der Liebe und Güte Gottes, die wir selbst im Leben erfahren. Wir stehen allerdings immer in der Gefahr, uns ausschließlich mit uns selbst zu beschäftigen und die Menschen, die allein, arm oder fremd sind, zu vergessen.

Als Jesusnachfolger sind wir jedoch Gegengesellschaft in einer Zeit, in der Menschen um sich selbst und um ihre Bedürfnisse kreisen. Wenn wir uns an andere verschenken, bringen wir Licht in eine immer dunkler werdende Welt. Die Armen und Verlassenen erinnern uns daran, dass unser Leben ein Geschenk ist. Wenn wir lernen, unseren Überfluss zu teilen, werden wir selbst zufriedener und erfüllter. So ist das Wort von Mutter Teresa zu verstehen, wenn sie sagt: »Im Angesicht der Armen erkenne ich das Antlitz Jesu.«

- Kennst du Menschen in deinem Umfeld, die in Not sind?
- Welches sind die Nöte in deiner Stadt/Nachbarschaft/in deinem Wohnhaus?
- Was kannst du persönlich tun, um Menschen in ihrer Not Trost und Hilfe zu bringen?

Life Skills

Wir alle leben in einer Welt, die immer dynamischer (schnelllebiger) und komplexer (komplizierter, undurchsichtiger) wird. Die körperlichen, seelischen und geistigen Anforderungen wachsen, obwohl uns der Fortschritt vieles erleichtert. Menschen, die bewusst auf ihre körperlichen und seelischen

Reserven achten, können den Ansprüchen von Beruf und Familie besser begegnen. Wenn früher Erholung im Rahmen der Jahreszeiten durch den Rhythmus von Arbeit und Ruhe automatisch vorgegeben wurde, muss man sich heute selbst Nischen dafür schaffen. Gerade für viele Christen ist das Spannungsfeld von Beruf, Familie und Gemeinde oftmals eine Überforderung.

Als Jesusnachfolger brauchen wir neben gesunden Gewohnheiten, die uns entspannen und wiederherstellen, auch ein klares Verständnis, wohin sich unser Leben entwickeln soll. Es ist gut und richtig, nicht nur im beruflichen, sondern auch im privaten und gemeindlichen Leben zu planen und mit Zielen zu arbeiten. Dies schafft Freiräume für uns und für Gott. Wenn wir sein Reden erkennen, ist es unsere Aufgabe, darauf zu reagieren und es maßvoll und inspirierend umzusetzen. So können wir ein ausgeglichenes Leben führen, ohne krank machende oder zerstörende Extreme: ein Leben in Fülle.

Ein Lebensstil des verantwortlichen Umgangs mit den eigenen Ressourcen wie Zeit, Kraft und Gesundheit.

- Wie viel Zeit im Jahr verbringst du mit Planung, Gebet und mit Nachdenken über deine eigene Lebenssituation?
- Was füllt deine körperlichen, seelischen, geistigen und geistlichen Tanks?
- Wie viel Klarheit hast du in Bezug auf deine Berufung? Hat Gott zu dir schon konkret gesprochen?

Von Würstchen und anderen Weisheiten

Boris Eichenberger, Vineyard Aarau

Angefangen hat es mit einer einfachen Idee: »Komm, lass uns doch einfach mitten im Park einen Grill aufstellen, um heiße Würstchen und Salat zu verschenken.« René, ein Freund, und ich machten uns gerade daran, eine Evangelisationswoche für die ganze Gemeinde zu planen und uns ließ der Gedanke »Gottes Reich entsteht durch Nähe«, einfach nicht los. Also stellten wir uns der Herausforderung, die Distanz zu Menschen, die weder uns persönlich noch der Kirche und dem Glauben nahestehen, abzubauen. Eine Wurst, ein Salat, ein Kuchen mitten im Park in Aarau schienen uns eine gute Möglichkeit zu sein, mit Menschen ins Gespräch zu kommen und in dieser Nähe das Reich Gottes sichtbar zu machen.

So erlebten wir in jener Woche drei fantastische Grillabende, sodass wir das Ganze noch zweimal wiederholten. Mitten auf der Wiese trafen sich an jedem Abend bis zu hundert Leute, um miteinander zu essen und zu plaudern – und die meisten fragten sich, was das wohl für eine verrückte Gemeinde war, die spontan ein Grillfest veranstaltete. Viele gute Gespräche und tolle Begegnungen sind entstanden, und mittendrin konnten wir mit »Hören vom Himmel«[10] Menschen ermutigen und prophetisch in ihr Leben sprechen.

Dabei machten wir eine erstaunliche Erfahrung: Evangelisation ist gar nicht so anstrengend – eigentlich braucht es nur die Bereitschaft, unseren Glauben und unsere Gemeinschaft so zu leben, dass andere es sehen und daran teilhaben können. Einige dieser »anderen« waren auch sonst im Park anzutreffen: Männer und Frauen eher am Rande der Gesellschaft, die sich in den drei Sommermonaten jeden Tag im Park auf ein paar Bier oder sonstige Stoffe treffen, in den neun anderen Monaten in einem Bus abhängen, den die

---

10 Hören vom Himmel ist eine kreative Art der erfahrungsbezogenen Weitergabe des Glaubens. Es stehen eine Reihe von Fotos, Bildern oder Postkarten zur Verfügung. Diese werden beispielsweise ansprechend an einer Leine aufgehängt. Passanten werden eingeladen, am »Projekt Ermutigung« teilzunehmen. Sofern Interesse besteht, geht ein Teammitglied betend zu den Bildern und fragt Gott, welches Bild für denjenigen passt. So entstehen Gespräche und oftmals können niederschwellig »prophetische Worte« an Jesus fernstehende Menschen weitergegeben werden.

Stadt ihnen zur Verfügung stellt. Diese »Bus-Leute« waren eher skeptisch, als wir am ersten Abend mit unserem Grill und etlichen Kühltaschen antanzten. Sobald aber die ersten Würste bereit waren, hießen sie uns willkommen. Bereits am zweiten Abend halfen sie, das Auto mit unserem Material auszuladen und am dritten Abend konnten wir den Grill mit den hundert Würsten ganz ihnen überlassen.

In einer solchen Nähe breitet sich sein Reich aus: Lebensgeschichten werden erzählt, man nimmt Anteil, betet füreinander, lacht, weint. Einige unserer neu gewonnenen Freunde aus Park und Bus schauten ab und zu im Gottesdienst vorbei. Dabei mussten wir lernen, dass sich nicht jeder bei uns automatisch wohlfühlte. Natürlich wünschen wir uns, dass jeder zuerst Liebe, Annahme und Vergebung erfährt – doch kann auch die eigene Zerbrochenheit im Weg stehen. Ein Freund zum Beispiel, seit mehreren Jahren von Heroin abhängig, kam an einem Morgen total zugedröhnt in den Gottesdienst und erlebte, wie wir für zwei Kinder und ihre Familien beteten und sie einsegneten. Die perfekten Familien in der perfekten Welt. »Wie soll ich da nur mithalten?«, dachte er und verschwand wieder. Mittlerweile treffen wir uns fast jede Woche auf ein Bier – Gottes Reich entsteht schließlich durch Nähe – und langsam fängt er an zu begreifen, dass jeder von uns zu einem gewissen Maß zerbrochen ist, und Gott uns in dieser Zerbrochenheit begegnen möchte.

Weihnachten feierten wir gemeinsam mit unseren Freunden aus Bus und Park. »Gemeinsam« erhielt dabei für uns eine neue Bedeutung – denn das Reich Gottes entsteht wie gesagt durch Nähe. Nicht wir waren es, die für ein paar Bedürftige ein nettes Fest organisierten – viel eher besprachen wir, wie unser gemeinsames Fest aussehen sollte. Am Tag selber trafen wir uns zwei Stunden vor Beginn und packten die Sache zusammen an: gemeinsam Tische decken, Baum dekorieren, Essen kochen, Lieder einüben. Und wie durch ein Wunder entstand das schönste Weihnachtsfest, das ich bis dahin erleben durfte: friedlich, miteinander, beim Singen etwas laut und schräg – dafür von Herzen, am Buffet chaotisch und an den Tischen bei den unterschiedlichsten Begegnungen und Gesprächen mit viel Tiefgang. Am Ende des Abends hörte ich nur noch eine Frage: »Aber gell, ihr kommt dann im Sommer wieder mit dem Grill in den Park, oder?«

Das also bedeutet, dass ...

- dort, wo wir uns Menschen zuwenden, zu ihnen gehen, uns für sie interessieren und authentisch Nachfolge leben, Menschen berührt werden.
- Evangelisation nichts anderes ist als authentisch unser Leben und unsere Jesusbeziehung mit anderen zu teilen.

ZWÖLF GEWOHNHEITEN FÜR EINEN JESUS-MÄSSIGEN LEBENSSTIL

Welche Eigenschaften oder Gewohnheiten sollte jeder Christ haben?

Prioritäten geben uns Orientierung, was wirklich wichtig ist und wo wir unseren Fokus legen wollen. UP, IN und OUT sind eine Möglichkeit, diese Grundorientierungen auf den Punkt zu bringen. Mit Gewohnheiten meinen wir nun Grundhaltungen und Eigenschaften, von denen wir glauben, dass jeder Christ sie haben sollte. Wenn immer mehr Leute unserer Gemeinde oder Gemeinschaft einen entsprechenden Lebensstil tatsächlich täglich praktizieren, werden unsere Prioritäten immer klarer sichtbar und als Gruppe erreichen wir den Auftrag, dem wir uns verpflichtet sehen.

So stellten wir uns als Vineyard folgende Fragen: Welche Eigenschaften oder Gewohnheiten sollte jeder Christ haben? Was unterstreicht unsere Werte und Prioritäten? Was lässt unsere Gemeinde zu dem werden, wozu sie da ist? Infolgedessen entstand eine Liste von zwölf Gewohnheiten, die wir im Leben von Jesusnachfolgern sehen wollen und die Gruppen und Gemeinden hervorbringen sollten. Wir haben uns dabei vor allem auf solche konzentriert, von denen wir glauben, dass sie jetzt Bedeutung für unsere Gemeinde haben. Im Wissen, dass sie ein natürlicher Ausdruck unserer Werte und Prioritäten sind, können wir sie mit Zuversicht nachdrücklich ausüben und wiederholt vorleben. Tun wir das nicht, werden wir früher oder später, sei es bewusst oder unbewusst, zu Gewohnheiten zurückkehren, die möglicherweise im Widerspruch zu unseren Werten und Prioritäten stehen und diese untergraben.

Wir stärken, fördern und bringen einen bestimmten Lebensstil hervor, indem wir ihn vorleben. Es ist von großer Bedeutung, dass wir die Wichtigkeit unseres persönlichen Vorbilds immer wieder betonen. Motivation bringt hier nur wenig, auch nicht Manipulation oder Schmeicheleien, nicht einmal Lehre im engeren Sinne. Der Versuch, Mitarbeiter zu »motivieren«, führt nur zu kurzfristigen Erfolgen. Will man die Ergebnisse aufrechterhalten, sind immer mehr Motivationsgaben und -tricks zu finden – ein sicheres Zeichen einer begrenzten Gruppe. In zentrischen Gruppen geben Menschen ein Vorbild und versuchen, die anderen zu gewinnen. Dadurch entsteht langsameres, aber sicheres Wachstum, denn wir schaffen ein Umfeld von Freiheit, Verantwortung und Erwachsenenbeziehungen. Erst dann kann man auch konkret mit Lehre einen Bezugsrahmen schaffen, der dabei hilft, Dinge auszudrücken, zu verstärken und den Einzelnen zu erklären, was die Leiter bereits vorleben. Da gibt es keine Abkürzungen: Die Prinzipien und Praktiken werden von Person zu Person weitergegeben und umgesetzt. Das Verständnis für bzw. die Wichtigkeit dieser Gewohnheiten und Eigenschaften kann nicht gelehrt werden, sondern geschieht über Einsicht und persönliche Einübung – am besten in Kleingruppen, Dienstgruppen oder anderen Beziehungen, in denen gegenseitiges Dienen und Trainieren möglich ist. Ist unser Vorbild klar und beständig genug, wird dies große Auswirkungen in der Gemeinde und in der Gesellschaft haben.

> Gewohnheiten werden durch gute Vorbilder gestärkt, nicht durch Motivation.

Die Kraft des Vorbildes ist in keiner Weise zu unterschätzen, im Positiven wie im Negativen. Unser Vorbild wirkt immer und zu jeder Zeit, ob wir es wollen oder nicht. Deshalb ist es so wichtig, sich dessen bewusst zu sein, was man lebt, wie man bestimmte Dinge tut und mit welcher Motivation. Werte bestimmen den Stil, wie wir Gewohnheiten leben; auch unsere Spiritualität spielt dabei eine Rolle. Die gleichen Praktiken können in verschiedenen Gemeinden daher unterschiedlich ausgeübt werden.

Auf den nachfolgenden Seiten kannst du nun eine persönliche Standortbestimmung vornehmen zu den zwölf jesusmäßigen Lebensgewohnheiten. Diese Liste will keine Anforderungen stellen, sondern vielmehr eine Übersicht und Orientierung bieten. Der Einzelne kann immer wieder neue Schwerpunkte setzen.

Jesusmäßig – der Kurz-Check

Der Kurz-Check ist ein Werkzeug, das dir helfen soll, in deiner Beziehung zu Jesus zu wachsen, und kein Test, durch den man durchfallen kann. Es kann daraus auch kein »Heiligkeits-Quotient« ermittelt werden, sondern er ist im guten Sinn eine Standortbestimmung. So kannst du deine Stärken und Schwächen erkennen. Du kannst entscheiden wie, wo und wie viel Zeit und Kraft du in Training, Coaching oder persönliches Studium stecken willst. Jüngerschaft ist ein Weg. Niemand von uns ist schon am Ziel. Wir sind alle unterwegs. Wachstum und Veränderung gehören dazu.

Gewohnheiten und Vorbereitung

Nachfolge ist eine Aufgabe, an der wir lebenslang wachsen. Jede große Aufgabe erfordert bestimmte Fähigkeiten sowie Zeit und Raum, diese zu entwickeln. Wenn wir von Gewohnheiten sprechen, dann geht es dabei um einen bestimmten Lebensstil, der sowohl unseren Charakter als auch unser praktisches Handeln betrifft. Die Einstellungen, Werte und Haltungen eines Menschen sind ebenso wichtig wie seine Fähigkeit, verantwortlich mit seiner Zeit und seinem Geld umzugehen, in gesunden Beziehungen zu leben oder in der Lage zu sein, seinen Glauben an andere weiterzugeben. Manche Fähigkeiten sind erlernbar, wie beispielsweise Kommunikation oder Zeitplanung, andere erfordern Zeit und immerwährendes Einüben, wie beispielsweise geistliche Disziplinen (Hören auf Gott, Gehorsam, Fasten u. a.).

Persönliche Einschätzung

Nachstehend sind nun zwölf Bereiche beschrieben, die den Lebensstil eines Christen ausmachen können. Denke darüber nach, inwieweit dein Leben von ihnen geprägt ist.

Bewerte die Aussagen mit »1« bis »5«.

1 = Trifft (fast/noch) nicht auf mich zu.
2 = Trifft ab und zu auf mich zu.
3 = Trifft in der Regel auf mich zu.
4 = Trifft meistens auf mich zu.
5 = Trifft (fast) vollkommen auf mich zu.

Wenn du die Fragen bearbeitest, denke an Situationen aus den vergangenen sechs Monaten. Halte dir nicht nur einzelne Begebenheiten vor Augen, die besonders gut oder schlecht verlaufen sind, sondern betrachte das »große Ganze«.

UP – eine Bewegung zu Gott

Wir sind unterwegs zu Gott. Wir wollen ihn besser kennenlernen, seinen Willen verstehen, seine Liebe erfahren und zu den Menschen werden, die er sich vorgestellt hat.

	1	2	3	4	5
Anbetung: Ein Lebensstil der Anbetung und der Innigkeit mit dem Vater, dem Sohn und dem Heiligen Geist.	☐	☐	☐	☐	☐
Geistliche Übungen: Ein Lebensstil, der gesunde geistliche Gewohnheiten entwickelt wie Hören auf Gott, Fürbitte, Fasten, Einsamkeit und Gehorsam.	☐	☐	☐	☐	☐
Bibel: Ein Lebensstil, der biblische Prinzipien widerspiegelt und die Schrift als Fundament für Glaube und Leben versteht.	☐	☐	☐	☐	☐
Finanzen: Ein Lebensstil der Verwalterschaft von finanziellen Gütern, der keine Schulden macht und andere an der von Gott geschenkten Versorgung teilhaben lässt.	☐	☐	☐	☐	☐
Summe UP					

IN – eine Bewegung zueinander

Wir sind unterwegs zur Gemeinschaft. Beziehungen, die von Liebe, Annahme und Vergebung geprägt sind, bieten Schutzraum und schaffen Selbstwert.

	1	2	3	4	5
Identität: Ein Lebensstil, der um die eigenen Stärken, Schwächen, Begabungen und geistlichen Gaben weiß, versöhnt ist mit der eigenen Geschichte und den eigenen Schwächen und in Jesus Christus die eigene Identität gefunden hat.	☐	☐	☐	☐	☐
Beziehungen: Ein Lebensstil, der geprägt ist von Liebe, Annahme und Vergebung, der mit Veränderungen, Problemen und Korrekturen konstruktiv umgeht und verbindliche und rechenschaftspflichtige Beziehungen sucht.	☐	☐	☐	☐	☐
Ehe, Familie: Ein Lebensstil, der gesunde, tiefe und tragfähige Beziehungen in Ehe, Freundschaften und Erziehung pflegt.	☐	☐	☐	☐	☐
Mentoring: Ein Lebensstil, der andere Menschen fördert sowie Wissen und Erfahrungen durch Erklären und Vorleben teilt.	☐	☐	☐	☐	☐
Summe IN					

OUT – eine Bewegung in die Welt

Wir sind als Jesusnachfolger unterwegs zu den Menschen. Wir wollen ihnen dienen und Licht und Salz sein, sodass sie von Gottes Liebe und unserem Leben berührt werden.

	1	2	3	4	5
»Power Ministry«: Ein Lebensstil, der mit der Kraft des Heiligen Geistes rechnet und deshalb voller Vertrauen für Kranke, Bedürftige, Schwache und Menschen mit Bindungen betet.	☐	☐	☐	☐	☐
Glauben teilen: Ein Lebensstil, der den persönlichen Glauben an Jesus Christus vorlebt und frei über das eigene Gotteserleben spricht.	☐	☐	☐	☐	☐
Barmherzigkeit: Ein Lebensstil, der mit den Armen und Bedürftigen leidet, sich an sie verschenkt, ihnen mit konkreter Hilfe zur Seite steht und für sie Zeit und Aufmerksamkeit aufbringt.	☐	☐	☐	☐	☐
Life Skills: Ein Lebensstil des verantwortlichen Umgangs mit den eigenen Ressourcen wie Zeit, Kraft und Gesundheit.	☐	☐	☐	☐	☐
Summe OUT					

Auswertung Kurz-Check

In der nachstehenden Auswertung werden nun die zwölf Lebensstile in den Bereichen UP, IN und OUT zusammengestellt. Daraus lässt sich nun eine bestimmte Gewichtung erkennen. Auf den nachstehenden Seiten kannst du dann konkret an einzelnen Gewohnheiten arbeiten.

- Summe UP _____ (bitte auch im Dreieck eintragen)
- Summe IN _____ (bitte auch im Dreieck eintragen)
- Summe OUT _____ (bitte auch im Dreieck eintragen)

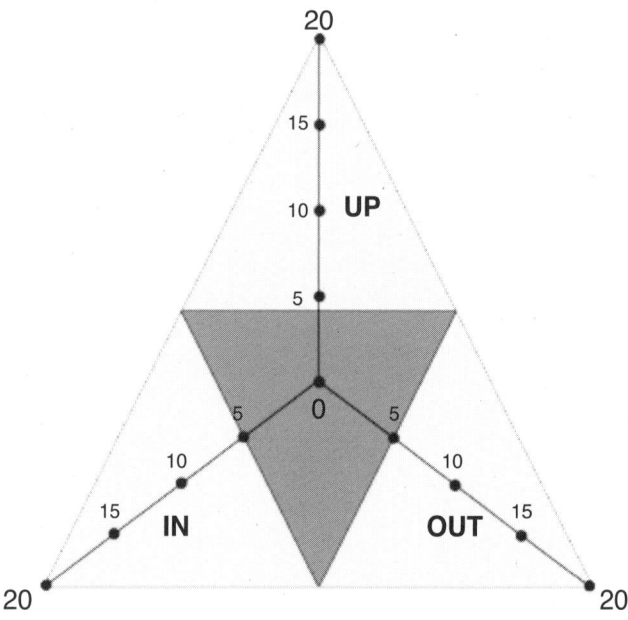

1. Anbetung –
sieben Tipps für die nächsten Schritte

1. Anbetung ist eine Kopf- und eine Herzenssache. Suche nach Wegen, wie du alleine oder mit anderen Gott anbeten kannst. Wenn der Kopf nicht »mit will«, dann höre auf dein Herz. Wenn dein Herz nicht »mit will«, dann mache die ersten Schritte mit dem Kopf.

2. Menschen sind unterschiedlich, deshalb gibt es unterschiedliche Wege der Anbetung. Suche das Gespräch mit anderen und finde heraus, welche Erfahrungen sie gemacht haben.

3. Achte darauf, dass Anbetung nicht beim Konsumieren stehen bleibt, du also bei Gott nur »deinen Segen abholst«. Diene ihm, sei für ihn da und verbringe Zeit mit ihm – einfach so.

4. Anbetung ist auch die Zeit, in der wir von ihm hören. Werde mit seiner Stimme vertraut, damit du sie leichter von anderen Stimmen unterscheiden kannst.

5. Finde kreative Formen der Anbetung in Form von Bewegung, bestimmten Tätigkeiten, Musik ...

6. Ermutige Menschen, an deinen Erfahrungen teilzuhaben, ohne zu erwarten, dass jeder dasselbe erleben muss.
7. Lerne von anderen Traditionen, wie beispielsweise von gregorianischen Gesängen, Hymnen oder der keltischen Frömmigkeit. Wie können sie den eigenen Stil erweitern und bereichern?

2. Geistliche Übungen – sieben Tipps für die nächsten Schritte

1. Verschaffe dir einen ersten Überblick über geistliche Disziplinen. Empfehlenswert: Das Buch *Nachfolge feiern* von Richard Forster.
2. Wichtig ist, immer wieder mit den geistlichen Übungen zu beginnen und eigene Erfahrungen zu sammeln. Es ist wie im Sport. Verstehe es als Fitness.
3. Fordere nicht zu viel auf einmal von dir.
4. Als Einstieg könnte ein »Stilles Wochenende« in einer christlichen Freizeitstätte oder eine Einführung in Kontemplation in einem Kloster hilfreich sein.
5. Suche immer wieder neu Inspiration von Menschen, die nachweislich ihre geistlichen Quellen gefunden haben und diese nutzen.
6. Suche dir einen verbindlichen Begleiter, der deine geistliche Reise kennt und unterstützt.
7. Stelle dir sehr sorgfältig die Frage nach deinem »geistlichen Maß«. Widerstehe der Versuchung, dich auf einem Plateau einzurichten oder dich nach Wunschbildern auszustrecken, die nichts mit deinem Maß und deiner Berufung zu tun haben.

> Im geistlichen Leben geht es nicht darum, perfekt zu sein. Im geistlichen Leben geht es darum, Gott in unserer Unfertigkeit zu vertrauen.
> *Mike Yaconelli*

3. Bibel – sieben Tipps für die nächsten Schritte

1. Es gibt gute Hilfen wie beispielsweise Bibellesepl234ne. Lass dich in einer christlichen Buchhandlung beraten.
2. Besorg dir eine kleine Bibel in einer modernen, leicht zu lesenden Übersetzung, die du überallhin mitnehmen kannst. So kannst du auch untertags während Wartezeiten oder Pausen lesen.
3. Suche das Gespräch mit Menschen, die dir Unverständliches erläutern können.

> Was uns motiviert? Das Buch!
> *John Wimber, Gründer der Vineyard-Bewegung*

4. Die Bibel gibt es auch für den PC oder als MP3. Wähle ein Format, das dir den Einstieg leicht macht.

5. Lerne, eine Konkordanz und ein Bibellexikon zur Hilfe zu nehmen. So kannst du dir selbstständig bestimmte Themen oder Fragestellungen erarbeiten.

6. Suche nach Wegen, wie du schrittweise zentrale Bibelstellen auswendig lernen kannst. Auch dazu gibt es Software oder Arbeitshilfen.

7. Setze unterschiedliche Übersetzungen ein. Oft wird ein Text klarer, wenn man ihn in verschiedenen Bibelübersetzungen liest.

4. Finanzen – sieben Tipps für die nächsten Schritte

> Es gibt drei Bekehrungen im Leben eines Menschen: die Bekehrung des Herzens, des Denkens und des Geldbeutels.
> *Martin Luther*

1. Jesu Thema Nr. 1 ist das Reich Gottes. Sein Thema Nr. 2 ist Geld. Lies in den Evangelien nach, wie er das Geld sieht und welchen Umgang damit er empfiehlt.

2. Lerne Prinzipien des biblischen Umgangs mit Geld durch Bücher oder Seminare kennen.

3. Es ist gut und gesund, im eigenen Budget einen festen Betrag für die Armen und für Barmherzigkeitsdienste einzuplanen.

4. Denke darüber nach, wie du einen Lebensstil der »Einfachheit« entwickeln kannst, ohne Armut zu verherrlichen.

5. Sieh dir deinen Lebensstil genau an und überlege, ob es bestimmte (Konsum-)Abhängigkeiten gibt.

6. Überlege, was man außer Geld noch geben kann. Z.B. deine Zeit, deine Wohnung, den Inhalt deines Kühlschranks, dein Auto ...

7. Wie kann man das Prinzip aus der Apostelgeschichte »Sie hatten alles gemeinsam« heute leben?

5. Identität – sieben Tipps für die nächsten Schritte

> Ich glaube, dass Gott die einfachen Menschen liebt; er hat so viele davon geschaffen.
> *Abraham Lincoln, 16. US-amerikanischer Präsident*

1. Ein guter Weg, sich selbst kennenzulernen, ist es, Tagebuch zu schreiben. Auch wenn es dir vielleicht nicht jeden Tag gelingt – das ist nicht schlimm. Schreib auf, was dich beschäftigt, welche Gedanken du hast, deine Wünsche, Sehnsüchte, Ängste und Freuden.

2. Beginn und Ende unserer Identität ist »Christus in uns – die Hoffnung der Herrlichkeit«. Wie kann diese Realität in deinem Leben wachsen?

3. Beschreibe dich, dein Wesen, deine Stärken, deine Grenzen.
4. Gehe der Frage nach: Was denkt Gott eigentlich über mich? Lies dazu auch Psalm 139.
5. Versöhne dich mit deiner Geschichte: Elternhaus, Ausbildung, verletzenden und anderen negativen Erfahrungen, die dein Leben prägen.
6. Lerne deine geistlichen Gaben und deine Fähigkeiten und Stärken kennen. Es gibt dazu Hilfsmittel wie Fragebögen und Tests.
7. Suche das Gespräch mit erfahrenen Menschen, die dich gut kennen, und bitte um Feedback.

6. Beziehungen – sieben Tipps für die nächsten Schritte

1. Denke über deine engsten Beziehungen nach. Warum funktionieren sie (nicht)?
2. Was fällt dir schwer im Umgang mit Menschen? Was fällt dir leicht?
3. Lies, was in den Evangelien über Vergebung steht, und setze es in deinem Leben entsprechend um.
4. Wie gehst du mit Autorität um? Fällt es dir leicht, gesunde Führung anzunehmen? Schau dir an, wie Jesus im Gehorsam gegenüber dem Vater gelebt hat, und überlege, wie du selbst auch so leben kannst.
5. Suche dir einen erfahrenen Menschen, dem du vertraust und dem gegenüber du rechenschaftspflichtig bist.
6. Lerne Menschen zu lieben, auch wenn du dich nicht danach fühlst.
7. Fordere bewusst Rückmeldung von Menschen ein und lerne von konstruktiver Kritik und Korrektur.

> Wenn wir unser Licht leuchten lassen, geben wir anderen unbewusst die Erlaubnis, es auch zu tun. Durch die Befreiung von unseren Ängsten befreit unsere Anwesenheit zwangsläufig auch andere.
> *Nelson Mandela, erster Präsident des freien Südafrikas*

7. Ehe, Familie – sieben Tipps für die nächsten Schritte

1. Wie sieht deine Beziehung zu deinem eigenen Vater und deiner Mutter aus? Das Gebot, Vater und Mutter zu ehren, ist das einzige, an das eine Verheißung geknüpft ist (vgl. 2. Mose 20,12).
2. Wie zeigst du deinem Partner Wertschätzung und Liebe? Versteht er es auch?

> Die Familie ist die älteste aller Gemeinschaften und die einzig natürliche.
> *Jean-Jacques Rousseau, Schweizer Philosoph*

3. Sorge dafür, dass richtige und ausreichende Kommunikation stattfindet. Kommunikation ist der Engpass Nr. 1 bei Beziehungsproblemen.

4. Beschreibe deine Einstellung zu deinen Kindern. Wie gestaltest du die Beziehung zu ihnen? Was fördert sie? Was hindert sie oder hält sie klein?

5. Suche immer wieder neue Wege, die Beziehung zu deinen Kindern zu gestalten, und überlege, wie du sie zum Leben ermutigen und befähigen kannst.

6. Nutze Familienfeiern bewusst als Ort, um Beziehungen zu bauen und zu vertiefen.

7. Bete für deine Familie und für dich, damit du deine Rolle findest und diese glaubwürdig und gütig auslebst.

8. Mentoring – sieben Tipps für die nächsten Schritte

Die meisten Menschen sind bereit zu lernen, aber nur die wenigsten, sich belehren zu lassen.
Sir Winston Churchill, britischer Premierminister

1. Lerne deine Stärken und Fähigkeiten kennen und suche bewusst nach Situationen, diese verantwortlich einzusetzen.

2. Bereite dich gut auf deine Aufgaben vor und bitte hinterher um Feedback. So kannst du lernen und es das nächste Mal besser machen.

3. Verlasse bewusst deine Komfortzone und probiere etwas, was du noch nicht (gut) kannst. Wenn du dich überwindest, wächst du an der Aufgabe.

4. Suche dir einen Mentor und etabliere eine Mentoring-Beziehung. Du kannst auch für verschiedene Lebensbereiche verschiedene Gesprächspartner haben, wie für Familie, Beruf oder Gemeinde.

5. Suche dir konkret ein oder zwei Menschen, die du begleiten kannst. Baue zuerst Vertrauen auf, und wenn sie offen sind, bring ihnen bei, was du kannst.

6. Schreibe deine Erfahrungen in ein Lerntagebuch auf. Andere zu begleiten ist keine leichte Aufgabe und geht nicht nebenher.

7. Frage Gott, welche Themen er für dein eigenes Wachstum auf dem Herzen hat. Ein Gebet, das immer funktioniert: »Herr, zeig mir meine Schwachstellen.«

9. Power Ministry –
sieben Tipps für die nächsten Schritte

1. Die zentrale Voraussetzung, um selbst die Werke Jesu zu tun, ist, seine Weltsicht zu haben. Nur so wirst du die gleichen Entscheidungen treffen wie er.
2. Lese das Markus- oder das Lukasevangelium und lerne von Jesus. Welche Werke hat er getan, warum und wie?
3. Sammle Erfahrungen und bete für Menschen im geschützten Rahmen wie beispielsweise einer Kleingruppe.
4. Lese oder höre Berichte, wie Gott heute heilt. Verstehe mit deinem Herzen, dass Gott heute tatsächlich noch Wunder tut und dass dies Teil seiner Strategie ist, sein Reich auszubreiten.
5. Es gibt nur einen Ort, an dem du die Autorität erhältst, die Werke Jesu zu tun: in seiner Nähe. Suche diese Nähe und bleibe bei ihm.
6. Höre auf seine Stimme und sei gehorsam. Du bist nicht derjenige, der heilt, sondern Christus. Wenn er also sagt: »Bete!«, dann bete. Sei gehorsam und handle, wenn er zu dir spricht – nicht nur, wenn du dich danach fühlst.
7. Rechne ständig mit Gottes Reden und lerne Gehorsam auch in »unmöglichen« Situationen.

> Wenn Jesus uns beauftragt, all seine Werke zu tun, dann sollten wir sie auch alle tun.
> *John Wimber, Gründer der Vineyard-Bewegung*

10. Glauben teilen –
sieben Tipps für die nächsten Schritte

1. Öffne dein Herz dafür, wie Gott über Menschen denkt und fühlt. Betrachte Gleichnisse wie Lukas 15.
2. Was empfindest du für die Menschen in deiner Stadt oder in deiner Region? Gehe an öffentliche Plätze und bete für die Menschen.
3. Charles Finney, der große Erweckungsprediger, spricht immer wieder von »glühender Retterliebe«. Bitte deinen Vater darum.
4. Baue Beziehungen zu suchenden Menschen. Plane dafür bewusst Zeit ein und überdenke deine Prioritäten.
5. Denke darüber nach, was dich davon abhält, Menschen mit Gott bekannt zu machen. Welche Schritte kannst du tun?

> Das Wenige, das wir vom Evangelium begreifen, entfaltet sich in uns, sobald wir es, und sei es noch so schüchtern, weitergeben.
> *Frère Roger Schutz, Taizé*

6. Schau, wer in deinem Umfeld aktiv evangelistisch tätig ist, und frage den- oder diejenigen, wie wir uns besser auf die Bedürfnisse suchender Menschen einstellen können.
7. Finde Wege, wie du ein Leben führen kannst, das Fragen aufwirft, damit Menschen auf dich zukommen.

11. Barmherzigkeit –
sieben Tipps für die nächsten Schritte

In diesen zwei Stücken besteht das ganze christliche Leben: Glaube an Gott und hilf deinem Nächsten.
Martin Luther

1. Betrachte Jesu Rede vom Weltgericht in Matthäus 25,31-46. Was kannst du daraus lernen?
2. Barmherzigkeit ist ein klarer Auftrag. Mache einen kleinen Schritt, um erste Erfahrungen zu sammeln.
3. Betrachte dein Umfeld, deine Nachbarschaft, deine Kollegen und dein Wohnviertel mit den Augen Jesu. Wo würde Jesus hingehen? Was würde er zu diesen Menschen sagen? Was würde er für diese Menschen tun?
4. Beginne, Almosen zu geben, und achte auf deine Gedanken und auf dein Herz. Wie fühlst du dich, wenn du teilst? Lerne daraus.
5. Frage Gott, wem du dienen sollst und wo du gebraucht wirst. Sei gehorsam, wenn es dich »jammert«.
6. Nimm dir regelmäßig Zeit für Arme, Verlassene oder Menschen am Rande.
7. Achte auf deine Motivation. Lass dich nicht von äußeren Erwartungen, sondern von Jesu Liebe treiben.

12. Life Skills –
sieben Tipps für die nächsten Schritte

Die meisten Menschen ahnen nicht, was Gott aus ihnen machen könnte, wenn sie sich ihm zur Verfügung stellen würden.
Ignatius von Loyola, Gründer der Jesuiten

1. Nimm dir ein leeres Blatt Papier und analysiere deine verschiedenen Lebensbereiche: persönliche Entwicklung, Familie, Beruf, Gemeinde, Hobbys. Was läuft gut, was nicht? Wo brauchst du Veränderung?
2. Mache eine Jahresplanung. Nimm dir dabei nicht zu viel vor. Schreibe auf: Was tue ich wie, mit wem, bis wann?
3. Denke über deine körperlichen, seelischen, geistigen und geistlichen Reserven nach. Wo brauchst du Erholung?
4. Welche Form der Erholung passt zu dir und deinem Umfeld (Familie, Partner ...)?

5. Denke über deine Berufung nach. Was hat Gott wohl mit deinem Leben vor? Stimmt das mit deinen Zielen und deinem Lebensstil überein?
6. Formuliere konkrete Lebensziele. Was soll am Ende deines Lebens passiert sein? Nimm dir immer Zeit, um auf Gott zu hören und zu verstehen, wofür dein Leben gedacht ist. Schreibe diese Ziele auf.
7. Gib einem Menschen das Recht, deine Ziele zu überprüfen und zu hinterfragen.

Jesusmässig leben bedeutet ...

Thesi Müller, Vineyard Bern

Vor sieben Jahren standen wir vor der Situation, dass uns unsere große Wohnung wegen Eigenbedarf des Besitzers unerwartet gekündigt wurde. Es galt innerhalb weniger Monate eine Bleibe für eine siebenköpfige, musizierende Familie zu finden. Noch tief in mir schlummerte die Erinnerung der jahrelangen Anspannung, als wir in einer kleinen Blockwohnung gelebt hatten und ich mir wünschte, endlich etwas mehr Luft und Freiheit genießen zu können. Nun hatten wir diese Wohnung gefunden – und dann dieser Schock, nachdem unsere ganze Familie richtig aufgeblüht und kreativ geworden war.

Es war einfacher, ein Haus zu finden als eine große, bezahlbare Wohnung, und so geschah es, dass wir in einem kleinen Bauerndorf ein Haus kauften. Der neue Wohnort war mir und meinem Mann nicht fremd. Er hatte während seines Musikstudiums vor dreißig Jahren exakt in diesem Dorf als Lehrer sein Geld verdient. So findet sich heute unter den Einwohnern auch so mancher ehemalige Schüler von ihm. Ich hatte meine Kindheit, meine Jugend und meine Arbeitszeit viel in kleinen Bauerndörfern verbracht und deshalb fällt mir der Umgang mit diesem Menschenschlag leicht; ich spreche nicht nur ihren Dialekt, sondern kenne und mag ihre ganze Lebensart.

Nahe bei uns wohnt eine über 80-jährige Frau. Sie ist im ganzen Dorf bekannt für ihre warme Anteilnahme an Freud und Leid der Bevölkerung. Sie hat fünf Kinder großgezogen, tüchtig auf dem Hof mitgeholfen und richtete stets ihr Augenmerk darauf, Gott zu lieben und Menschen in Einfachheit Gutes zu tun. Noch heute macht sie Krankenbesuche, ermutigt und tröstet in Wort und Brief. Es ist motivierend zu sehen, was für Spuren sie in den Herzen derer zurücklässt, denen sie im Alltag kleine Zeichen der Liebe Gottes weitergibt.

Bei unseren gemeinsamen Gebetsspaziergängen stellte ich schmunzelnd fest, dass wir ähnliche Gaben, Stärken und Schwächen haben. Plötzlich fiel es mir wie Schuppen von den Augen: Gott hat mich genau hier gewollt und dies von langer Hand geplant. Meine Art passt in dieses Umfeld, denn ich bin eine von ihnen. Gott will durch mich weiterführen, was die alte Dame in Treue begonnen hat.

Dieses Aha-Erlebnis befreite mich von dem über mir schwebenden Damokles-Schwert namens »Evangelisation und Leistungsdruck«. So konnte ich damit beginnen, mich zu verschenken mit dem, was ich bin, kann und habe. Bauern haben durch den Umgang mit Mensch, Tier und Natur oft eine ganz natürliche Gottesfurcht, die es fast unmöglich macht, mit Worten etwas bewirken zu wollen. Aber sie verstehen die Sprache des Miteinanders und Angenommenseins.

So bügle ich für eine Nachbarin, welche kaum Zeit für eine Pause findet. Einer Bäuerin schenke ich Gutscheine für den Küchengroßputz, weil sie oft auf dem Feld und im Stall anpacken muss. Einem alten Mann biete ich Taxidienste für den Arztbesuch an und habe dabei gute Gespräche über Leben und Tod. Bei einem Krankenhausbesuch ergab sich sogar die Gelegenheit, für ihn zu beten. Zuerst dankte ich Gott für ihn und brachte ihm als Mensch Wertschätzung entgegen. Dies sog er auf wie ein Schwamm, da er zu Hause nie genügen kann. Anschließend konnte ich für ihn, seine Familie und Tiere beten. Er war zutiefst berührt und sagte unter Tränen, dass er früher Gebet gekannt hätte, doch irgendwie sei dies alles verloren gegangen. Ich konnte ihn ermutigen, dass es niemals zu spät ist, neu damit zu beginnen.

Da ist diese junge Familie, welche frisch in ein einsames Bauernhäuschen zuzog. Ich hörte Gott sagen, ich solle ihnen Babysitter-Gutscheine schenken. Während ich in ihrem Haus Stunden alleine verbringe, bete ich für sie. Hüte ich die Kleine, flechte ich biblische Lieder und Geschichten ein. Essen sie als Familie bei uns, ist von den Eltern erwünscht, dass wir das Tischgebet singen, welches die Kleine so gern mag. Bei der Geburt des zweiten Kindes war ich in »Rufbereitschaft« und stand dann morgens um vier auf ihrer Matte, als es losging. Kürzlich hat mir der Mann angeboten, mir beim Kochen für eine Gemeindeveranstaltung zu helfen. Leben teilen, sich gegenseitig wahrnehmen und helfen wird im Dorf gelebt und geschätzt!

Für mich ist der beste Weg zu einem jesusmäßigen Lebensstil, zu verschenken, was ich kann und habe; zu sein und zu leben, was ich bin; aber mich vor allem von IHM gewollt und geliebt zu wissen.

Daran kann man sehen, dass ...

- wir den Charakter Jesu ganz im Alltag verkörpern können.
- eine Haltung des Dienens und der kreativen Liebe Herzen erreicht.
- Menschen uns als Licht und Salz wahrnehmen, wenn wir verfügbar sind.

Die DNA einer Bewegung – Biotope der Hoffnung im Überblick

Christliche Gemeinschaften brauchen verschiedene Elemente, die das Leben tragen.

Wir wollen also dazu ermutigen, Biotope der Hoffnung zu fördern und zu multiplizieren, die Menschen viel Freiheit lassen, sich zu entfalten sowie ihrer Berufung rückhaltlos zu folgen. Freiheit muss jedoch mit Verantwortung einhergehen, will sie nicht in Beliebigkeit oder Isolation enden. Wie der Baum den Stamm und das Astwerk, der Körper ein Skelett benötigt, so brauchen christliche Gemeinschaften verschiedene Elemente, die das Leben tragen. Sie sind nicht das Leben selbst, jedoch ermöglichen, fördern und transportieren sie es. Wie auch immer diese Biotope aussehen – es können Kleingruppen sein, gemeindliche Projekte und Initiativen oder Gemeinschaften und Gemeinden – was hält sie zusammen und wie lässt sich ihr Kern bzw. ihre DNA beschreiben? Denn die DNA bestimmt das Wesen eines Organismus und ist in jeder Zelle vorhanden, egal welche Ausprägung sie letztlich hat. Die DNA unseres Körpers besteht u.a. aus den vier organischen Basen Adenin, Thymin, Guanin und Cytosin. Die DNA einer werteorientierten Gemeinschaft könnte man mit den nachstehenden Elementen beschreiben (die wir uns ja bereits einzeln in den vorangegangenen Kapiteln angesehen haben):

- Das Fundament:
  Werte: Was ist uns wertvoll? Was gibt uns Orientierung?
  Beziehungen: Wie gehen wir miteinander um?
  Vision: Wohin gehen wir? Welchen Menschen dienen wir? Wie wollen wir die Welt verändern?
- Der Auftrag: Menschen finden – Menschen fördern – Menschen freisetzen
- Die Prioritäten: Bewegung zu Gott (UP) – Bewegung zueinander (IN) – Bewegung zu den Menschen (OUT)
- Die Konkretisierung: zwölf jesusmäßige Gewohnheiten

Das Fundament sorgt für den grundlegenden Zusammenhalt einer Gemeinschaft. Wir haben gesehen, dass zentrische Gruppen durch authentische Beziehungen, geteilte Werte und eine gemeinsame Vision entstehen. Das ist der »Spirit« einer Gruppe, den man spürt, wenn man zur Tür hereinkommt. Doch wie werden diese Überzeugungen und der gemeinsame Traum praktisch sichtbar? Zum einen durch den Auftrag und zum anderen durch die Prioritäten. Menschen zu finden, zu fördern und freizusetzen sowie sich zu Gott hin, zueinander und zu den Menschen zu bewegen, bestimmen die Aktivitäten einer werteorientierten Gemeinschaft. Schließlich gibt es Gewohnheiten, die der Einzelne oder die Gemeinschaft einüben, um den Auftrag und die Prioritäten klar auszuleben.

Die folgenden Punkte in der Grafik beschreiben nun einzelne Wegstationen in der Nachfolge und zeigen unsere »Reise« mit Jesus.

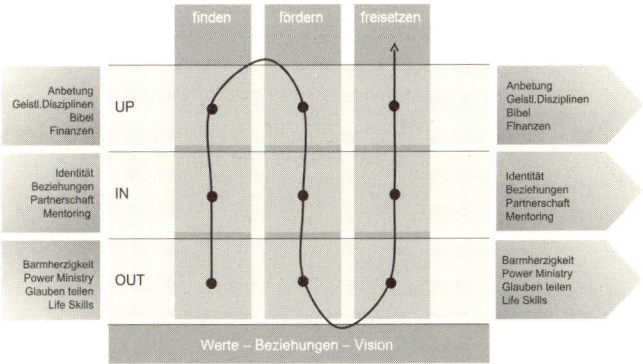

Diese Elemente sind die Bausteine für das Leben einer werteorientierten Gemeinschaft und damit die Grundlagen für den werteorientierten Gemeindebau. Sie beschreiben die Grundausrichtung und die verschiedenen Bewegungsrichtungen einer Gruppe.

DIE NEUN LEITFRAGEN DER WERTEORIENTIERTEN GEMEINDEENTWICKLUNG

Neun Leitfragen helfen dabei, die Ausrichtung und die Gesundheit einer Gruppe zu beschreiben:

1. finden – OUT:
Wie viele Menschen finden bei uns Entlastung, Hilfe und Lösungen?

2. finden – IN:
Wie viele Menschen finden bei uns Familie, Freundschaft und Heimat?

3. finden – UP:
Wie viele Menschen finden bei uns die Gegenwart Gottes?

4. fördern – UP:
Wie viele von uns erleben Veränderung durch geistliche Übungen, wie beispielsweise Gebet, Fasten, Einsamkeit oder Gehorsam?

5. fördern – IN:
Wie viele von uns erleben Veränderung durch Liebe, Annahme und Vergebung?

6. fördern – OUT:
Wie viele von uns erleben Veränderung durch das Entdecken und Trainieren von Gaben, Fähigkeiten und Gewohnheiten?

7. freisetzen – OUT:
Wie viele von uns dienen Menschen, indem sie nach außen gerichtete Aufgaben wahrnehmen?

8. freisetzen – IN:
Wie viele von uns dienen Menschen, indem sie ein gastfreies Haus haben und Freundschaften leben?

9. freisetzen – UP:
Wie viele von uns dienen Menschen, indem sie für Kranke beten, Belastete befreien und Menschen ermutigen?

BIOTOPE DER HOFFNUNG ENTWICKELN

Elemente einer Bewegung

▸ Gegenwart Gottes
Wir »warten« auf ihn, weil wir uns von seinem Handeln
und Reden abhängig machen wollen.
Wir bemühen uns, die »Brille der Aufklärung« dort ab-
zulegen, wo sie Gottes Handeln widersteht.
Menschen werden ihr Leben nicht verändern (Umkehr,
Buße), wenn sie dem Auferstanden nicht persönlich
begegnen.
▸ Systeme sind gesunde Systeme, wenn sie ...
Freiwilligkeit erlauben,
Transparenz schaffen und
Eigenverantwortung erwarten.
▸ Beziehungen
halten eine Bewegung zusammen.

Der Auftrag einer Bewegung

▸ Finden bedeutet ... offene Augen und einen wachen
Geist.
▸ Fördern bedeutet ... an Menschen glauben.
▸ Freisetzen bedeutet ... loslassen lernen.

Prioritäten einer Bewegung und zwölf Gewohnheiten
für einen jesusmäßigen Lebensstil

▸ UP – Bewegung hin zu Gott
Anbetung, geistliche Disziplinen, Umgang mit der Bi-
bel, Umgang mit Finanzen
▸ IN – Bewegung zueinander
Identität, Beziehungen, Ehe und Familie, Mentoring
▸ OUT – Bewegung in die Welt
Power Ministry, Glauben teilen, Barmherzigkeit,
Ressourcen

Elemente des werteorientierten Gemeindebaus

▸ Vision, Werte, Mission, Prioritäten und Praktiken

6. Eine sich verschenkende Gemeinschaft

Die Kirche hat nicht den Auftrag, die Welt zu verändern.

Wenn sie aber ihren Auftrag erfüllt, verändert sich die Welt.

Carl Friedrich von Weizsäcker

Um was geht es in diesem Kapitel?

▸ Verschenken, ja, aber wohin?

1. Der Auftrag Jesu ist der Auftrag der Kirche

2. Die Kirche Jesu überwindet Furcht und verlässt die Komfortzone

3. Die Kirche Jesu mischt sich ein und verändert die Welt

Verschenken, ja, aber wohin?

Klasse, wenn du dich bis hierher hast mitnehmen lassen. Es war einiges an Stoff, Ideen und Werkzeugen. Was bedeutet es nun, gemeinsam Jesus nachzufolgen? Wir wollen in diesem Kapitel drei sehr grundlegende Haltungen skizzieren, die dich auf deinem Weg leiten können.

Was kennzeichnet eine Bewegung der Zukunft?

1. Eine Bewegung der Zukunft orientiert sich leidenschaftlich und konzentriert an der Person Jesu. Die Gemeinde der Zukunft umarmt den Auftrag Jesu und lebt ihn.
2. Eine Bewegung der Zukunft verlässt die Komfortzone. Das bedeutet im Klartext: Sie lässt sich nicht von Furcht einschränken, sondern von der Liebe Gottes inspirieren. Daraus erwächst ihre Kraft, an Orte zu gehen, die sie ohne die Liebe Gottes niemals aufsuchen würde.
3. Eine Bewegung der Zukunft mischt sich ein und verändert die Welt. Sie kann zum Heute ein besseres Morgen denken und übernimmt bereits jetzt dafür Verantwortung.

1. Der Auftrag Jesu ist der Auftrag der Kirche

Die Kirche kann auf 2000 Jahre Geschichte und Entwicklung zurückblicken. Jede Generation hat aufs Neue die Aufgabe, die Frage zu beantworten: Was bedeutet es heute – für unsere Zeit – Jesus gemeinsam nachzufolgen? Ausgangspunkt für eine Antwort könnte eine weitere Frage sein: Was sind eigentlich Gottes Absichten und Ziele? Als Jesus seinen Auftrag begann: Was hatte Gott eigentlich mit ihm vor? Nun, es ging ihm darum, seinen Namen zu verherrlichen und den Menschen seine Liebe zu zeigen. Das bekannte Schriftwort aus Johannes 3,16 erhält eine wesentliche Ergänzung durch den sich anschließenden Vers 17:

Was sind eigentlich Gottes Absichten und Ziele?

Denn Gott hat die Welt so sehr geliebt, dass er seinen einzigen Sohn hingab, damit jeder, der an ihn glaubt, nicht zugrunde geht, sondern das ewige Leben hat. Denn Gott hat seinen Sohn nicht in die Welt gesandt, damit er die Welt richtet, sondern damit die Welt durch ihn gerettet wird (EÜ).

Gottes Absicht ist also Liebe, und nicht Gericht oder der Wunsch nach Abrechnung. Er wendet sich uns Menschen uneingeschränkt zu. Er möchte, dass wir seinem Namen Ehre machen, oder wie Paulus im Brief an die Epheser (1,11-12; NLB) schreibt:

> Darüber hinaus haben wir durch Christus ein göttliches Erbe empfangen, denn Gott hat uns von Anfang an erwählt, wie er es mit seinem Willen beschlossen hatte. Wir, die wir als Erste auf Christus gehofft haben, sollen mit unserem Leben Gottes Herrlichkeit loben.

Könnte das also bedeuten, dass unsere Absichten mit denen Gottes übereinstimmen sollten? Gemeinschaft als Jesusnachfolger leben, um Gottes Wesen, Identität, Charakter zu illustrieren und seine Liebe zu den Menschen in Worten, Werken und Wundern erfahrbar werden zu lassen? Jesus hält zum Beginn seines Wirkens eine programmatische Rede, die uns eine Landkarte sein kann:

> Als er nach Nazareth kam, wo er seine Kindheit verbracht hatte, ging er wie gewohnt am Sabbat in die Synagoge und stand auf, um aus der Schrift vorzulesen. Man reichte ihm die Schriftrolle des Propheten Jesaja, und als er sie aufrollte, fand er die Stelle, an der steht: »Der Geist des Herrn ruht auf mir, denn er hat mich gesalbt, um den Armen die gute Botschaft zu verkünden. Er hat mich gesandt, Gefangenen zu verkünden, dass sie freigelassen werden, Blinden, dass sie sehen werden, Unterdrückten, dass sie befreit werden und dass die Zeit der Gnade des Herrn gekommen ist.« Er rollte die Schriftrolle zusammen, gab sie dem Synagogendiener zurück und setzte sich. Alle in der Synagoge sahen ihn an. Und er sagte: »Heute ist dieses Wort vor euren Augen und Ohren Wirklichkeit geworden!«
>
> Lukas 4,16-21 (NLB)

Jesus wusste, wer er war, wozu er gekommen war und was seine Aufgabe umfasste. Er hatte eine Botschaft für den ganzen Menschen und präsentierte sich als der Messias, der das Heil bringt – in jeder Hinsicht. Wenn wir die ersten Zeilen aus Jesaja 61 lesen, so steht dort »den Armen gute Nachricht bringen«. Die Gute Nachricht gilt also allen, die demütig und bereit sind, diese Botschaft der Hoffnung anzunehmen. Sie bedeutet ewiges Leben Die Kirche ist berufen, die Botschaft der Gnade und des Segens weiterzutragen in eine sterbende Welt.

Jedoch beginnt dieses ewige Leben bereits hier und heute. Deshalb braucht die Gute Nachricht eine Sprache, die Menschen verstehen. Für diejenigen, die in materieller Armut gefangen sind, bedeutet das möglicherweise Lebensmittel, eine Unterkunft oder Arbeitsplätze. Für Angehörige der Mittelschicht kann »Gute Nachricht« bedeuten, eine liebvolle Ehe zu führen, von substanziellen Abhängigkeiten frei zu werden oder Sinn in der Arbeit, der Familie und im Leben zu finden. Für Studenten kann es bedeuten, etwas zu haben, wofür es sich wirklich zu leben lohnt.

Ein guter Freund hat es einmal auf den Punkt gebracht: »Du kannst nicht über die Gute Nachricht reden, aber eine schlechte Nachricht leben.« Wir können nicht zu Menschen sagen: »Jesus liebt dich«, aber nicht bereit sein, ihre Umstände anzusehen. Dann wird die Botschaft nicht verstanden werden. Zu Recht. Das Leben, Sterben und die Auferstehung Jesu gelten umfassend für die gute und ewige Zukunft des Menschen. Dort, wo sich diese Realität ausbreitet, meint sie den ganzen Menschen, nicht nur seine Seele. Die Geschichte zeigt uns an vielen Stellen, wie das Heil und die Heilung Jesu nicht nur Konsequenzen für den Einzelnen hatten, sondern für ganze Familien, Regionen oder Länder. So kann man beispielsweise nachweisen, welche positiven Einflüsse der Pietismus in Württemberg hatte und wie dieser über Generationen hinweg einen Beitrag im Sozial-, Gesundheits- und Bildungswesen leistete.[11]

Die Gute Nachricht drückt sich aus in Worten, Werken und Wundern. Jesus tröstet und fordert Menschen heraus mit der Hoffnung und dem Lebensstil des Reiches Gottes, er dient den Jüngern, den Ausgegrenzten seiner Zeit, heilt kranke Menschen und befreit dämonisch belastete Menschen. Es ist ein Paket, eine Einheit, eine Botschaft.

> Die gute Nachricht bedeutet ewiges Leben. Jedoch beginnt dieses ewige Leben bereits hier und heute.

> Du kannst nicht über die Gute Nachricht reden, aber gleichzeitig eine schlechte Nachricht leben.

---

11 http://www.pietismus.uni-halle.de

Und jetzt? »Wieder sprach er zu ihnen und sagte: ›Friede sei mit euch. Wie der Vater mich gesandt hat, so sende ich euch‹« (Johannes 20,21; NLB). Uns ist das Paket anvertraut. Er hat es vorgelebt, jetzt sind wir dran. Und: Wir sind nicht allein. Er hat uns den Heiligen Geist zugesagt und uns versprochen, bei uns zu sein bis an das Ende der Zeiten. Kirche Jesu drückt die Gute Nachricht aus, wenn sie die Worte, Werke und Wunder Jesu tut. Das ist die Gemeinde der Anfänge, der Geschichte und der Zukunft. Sie umarmt und praktiziert den Auftrag Jesu.

- Welche Aspekte des Auftrages Jesu kommen in deinem persönlichen Leben vor?
- Wie könnt ihr in eurer Gruppe den Auftrag Jesu umfassender leben?

2. Die Kirche Jesu überwindet Furcht und verlässt die Komfortzone

Furcht und Abgrenzung weichen, wenn Liebe und Barmherzigkeit wachsen.

Ich (Marcus) war eingeladen, auf einer Konferenz zu sprechen. Vor der Veranstaltung gab es ein Gebetstreffen, um sich auf den Abend vorzubereiten und einzustimmen. Dort meldete sich eine sichtlich aufgeregte Frau zu Wort mit dem Hinweis: »Heute Abend haben sich Esoteriker angesagt, die wollen die Versammlung sicherlich stören mit ihren dunklen geistlichen Mächten.« Sie wollte dazu auffordern, dass wir uns gegen die Mächte stellen und die Versammlung sozusagen bewahren. Die Atmosphäre war merklich aufgeladen. Die anderen wirkten unsicher. Der Leiter des Treffens bedankte sich freundlich bei der Frau für diese Information. Seine Reaktion war bemerkenswert. »Was würde wohl Jesus heute Abend tun, wenn er körperlich hier wäre? Wie würde er mit diesen Menschen umgehen?«

Pause. Nachdenken. Betroffenheit. Er fuhr fort, segnete diese Menschen im Namen Jesu und bat, dass wir Werkzeuge seines Friedens sein könnten an diesem Abend. Die Stimmung wendete sich. Furcht und Abgrenzung wichen und Liebe und Barmherzigkeit wuchsen. Das Größte, was wir tun können, ist, Menschen mit der Liebe Gottes bekanntzumachen.

Der größte Feind jedoch, dem wir uns zu stellen haben, ist unsere eigene Furcht. Die Furcht zu versagen, Furcht vor Ablehnung, Furcht, Fehler zu machen oder sich zu blamieren. Diese Furcht entfernt uns von der Welt. Sie isoliert uns und verhindert, dass wir mit Menschen wirklich in Kontakt kommen. Wir sind dann nicht mehr berührbar.

Maria Magdalena küsste und salbte die Füße Jesu. Jesus war berührbar für die Menschen. Das Gegenteil von Liebe ist nicht Hass, sondern Furcht. Liebe, so lesen wir in 1. Johannes 4,18, treibt jede Furcht aus. Als Jesusnachfolger stehen wir vor der Frage: Was leitet uns? Liebe oder Furcht? Oft steht ein Schild vor dem Eingang unserer Gruppen: »Komm nicht rein, solange du nicht so denkst wie wir!« Warum? Woher kommt dieses Schild? Ihm liegt Furcht zugrunde. Anstatt an Orte zu gehen, an denen verzweifelte, einsame und verletzte Menschen darauf warten, Jesu Liebe durch uns zu ertasten und zu erfahren, bleiben wir unter uns, weil wir uns bedroht oder verunsichert fühlen von einer Welt, die gefährlich oder zumindest unberechenbar scheint. Angst trennt uns – voneinander und von uns selbst. Die Furcht treibt Christen auseinander oder hält sie in dem Denken gefangen, man müsse sich besonders christlich verhalten, damit man akzeptiert wird. Sie ist ein dankbarer Boden für Verschwörungstheorien aller Art – für Endzeitspekulationen, Freimaurer-Hetze und Weltregierungen, die den Untergang vorbereiten. Christen scharen sich leider immer wieder um solche Ideen, weil sie ihnen »Notgemeinschaften« ermöglichen und eine vordergründige Sicherheit schaffen.

Jesus von Nazareth proklamiert mit den sieben Seligpreisungen in der Bergpredigt eine Gemeinschaft von Menschen, die unter einem neuen Paradigma leben: dem Reich Gottes. Diese Realität macht sie frei. Frei von der Furcht, zu wenig Zeit zu haben, zu wenig Geld zu besitzen oder im Leben zu kurz zu kommen. Sie sind beseelt von einer Zukunft, die so groß, perfekt, umfassend, positiv und dynamisch ist, dass keine Dunkelheit, Bosheit und Antigöttlichkeit dieser Welt vermag, diese Realität zu überstrahlen. Jesusnachfolger sind keine hoffnungslosen Optimisten, sondern hoffnungsfrohe Realisten. Sie verschenken sich an eine sterbende Welt und obgleich sie Furcht kennen, lassen sie sich nicht umfassend

Vor dem Eingang unserer Gruppen steht ein Schild: »Komm nicht rein, solange du nicht so denkst wie wir!«

Jesusnachfolger sind keine hoffnungslosen Optimisten, sondern hoffnungsfrohe Realisten.

von ihr bestimmen. Die Liebe und die Annahme des Vaters schenken uns Zuversicht, Mut und die Bereitschaft, neues Terrain zu beschreiten. Wir brauchen andere um uns herum, mit denen wir unsere Sorgen und Erfahrungen teilen, damit diese uns nicht mehr davon abhalten, den Auftrag Jesu in unserer Zeit auszubreiten.

> - Wie äußert sich Furcht in deinem Leben und inwieweit hält sie dich davon ab, Dinge zu tun, die du als richtig erkannt hast?
> - Was sollte deine Gemeinde bzw. Gruppe in Zukunft tun (bzw. nicht mehr tun), wenn Liebe und Barmherzigkeit die grundlegende Motivation sind?
> - Was hält dich davon ab, heute noch neue Schritte zu gehen und etwas »völlig Neues« anzupacken?

3. Die Kirche Jesu mischt sich ein und verändert die Welt

Die persönliche Entscheidung für Jesus markiert den Beginn der Reise zur Jüngerschaft und nicht das Ende einer christlichen Sozialisation.

Jesus ist mit einer Botschaft in diese Welt gekommen: Das Reich Gottes ist angebrochen. Viele seiner Gleichnisse illustrieren die Werte und die Prioritäten dieses neuen Reiches. Mit der Bergpredigt artikulierte er eine neue Ethik. Als er seine Jünger beten lehrte, ermutigte er sie zu erwarten, dass das Reich Gottes auf der Erde so wirksam wird, wie es bereits im Himmel der Fall ist. Es wäre eine Engführung zu glauben, dass Jesus gekommen ist, damit einzelne Menschen aus dieser bösen Welt heraus gerettet werden, um nach dem Tod in den Himmel zu kommen. Sicherlich ist ein Königreich nur so real, wie es durch seine Bewohner auch verkörpert wird. Das bedeutet, dass es um persönliche Umkehr und um Neuwerdung unserer Persönlichkeit geht. Dabei markiert die persönliche Entscheidung für Jesus den Beginn einer Reise der Jüngerschaft und nicht das Ende einer christlichen Sozialisation. Menschen, die im Horizont dieses kommenden Königs leben, übernehmen Verantwortung und setzen Zeichen – persönlich, wirtschaftlich, politisch oder kulturell. Auch unsere Konsumgewohnheiten, unser politisches (Nicht-)Engagement oder unser Einsatz für die Kommune drücken das Maß der Liebe zu unserem König aus.

Ein guter Freund erzählte mir (Marcus) mit einem Augenzwinkern, wie er und seine Freunde für vier Wochen in einem kleinen Dorf in den südamerikanischen Anden Hütten bauten. Am Tag vor der Abreise gab es ein großes Einweihungsfest und die Menschen feierten und tanzten. Es herrschte eine ausgelassene Stimmung, weil so viel Gutes in dieses Dorf gekommen war. Da wurde er von einem älteren Dorfbewohner freundlich zur Seite genommen und gefragt: »Also, jetzt kannst du mir es ja sagen. Du und deine Freunde – ihr seid Kommunisten, oder?«

Mein Freund antwortete: »Ganz bestimmt nicht! Wir sind Christen. Wie kommst du auf die Idee, dass wir Kommunisten sind?«

Seine Antwort: »Nun, ich nahm es an, weil ihr euch um arme Menschen kümmert.«

Vielleicht ist die Wahrnehmung der Menschen in Zentraleuropa eine andere, aber es ist doch interessant, welches Bild bestimmte Verhaltensweisen erzeugen. Ich frage mich, warum die meisten Menschen in unserem Land keine echten Antworten auf Fragen des Lebens von den Christen erwarten, warum wir oftmals als Heuchler oder als irrelevant etikettiert werden.

Unsere Aufgabe ist es nicht, den Himmel auf Erden zu bringen. Jedoch sind wir berufen, zeichenhaft das Versprechen Gottes an die Menschen auszuleben: Frieden, Gerechtigkeit, Hoffnung und Würde. Eine schönere Lebensaufgabe können wir uns selbst nicht geben.

> Ich frage mich, warum die meisten Menschen in unserem Land keine echten Antworten auf Fragen des Lebens von den Christen erwarten, warum wir oftmals als Heuchler oder als irrelevant etikettiert werden.

- Welche Möglichkeiten hast du in deinem persönlichen Umfeld, um politisch aktiv zu sein?
- Welche wirtschaftlichen oder sozialen Zeichen könnt ihr als Gruppe oder Gemeinde setzen?
- Mit welchen sozialen oder politisch aktiven Gruppen könntet ihr euch vernetzen und in Kampagnen zusammenarbeiten?

Story

EINE PARTYBEKANNTSCHAFT DER ANDEREN ART

Matthias Karcher, Vineyard Berlin-Köpenick

Es ist April. Samstag, gegen 0.30 Uhr. Um mich herum tobt eine wilde Party, laute Musik, halbtrunkene Menschen. Ich bin auf dem Weg ins Freie und will nach Hause. Da treffe ich einen jungen Mann, nennen wir ihn Klaus. Ich komme mit ihm ins Gespräch und beginne ihm meine Geschichte mit Jesus zu erzählen. Aus den Boxen dröhnt »Highway to Hell«, und dennoch ist es irgendwie ein heiliger Moment, in all diesem Trubel mit ihm zu reden. Er erzählt mir seine Geschichte: Als er neun Jahre alt war, starb seine Mutter an multipler Sklerose. Jahre später sucht er in Beziehungen zu anderen Frauen Halt, doch er wurde immer wieder enttäuscht. Als er 24 war, starb überraschend sein Vater an Krebs. Seitdem zieht er von einem Ort zum anderen, auf der Suche nach Heimat, einem Zuhause. Verletzungen und Enttäuschungen prägen diesen Weg.

Mittlerweile ist es 2.30 Uhr und ich erzähle Klaus, dass es einen Vater im Himmel gibt, der sehnsüchtig auf ihn wartet und Jesus der Weg zum Vater ist. Ich frage ihn, ob er sein Leben diesem Jesus anvertrauen möchte. Um 3.00 Uhr morgens stehen wir bei minus zwei Grad auf dem Parkplatz vor der Kneipe und Klaus stellt sein Leben unter die Herrschaft Jesu. Tränen fließen und im Himmel ist Party.

Es ist Dezember. 20 Monate später. Ich betrete eine kleine Dorfkirche in Süddeutschland. Alles ist festlich geschmückt, die Kirche ist voll besetzt, 250 Gäste warten bei Glockengeläut gespannt auf das Brautpaar. Dann ist es so weit – Klaus betritt mit seiner zukünftigen Frau die Kirche. In den vergangenen 18 Monaten hat sich sein Leben grundlegend verändert.

Doch der Reihe nach: Nach diesem besagten Abend im April hat sich Klaus auf die Suche nach einer Gemeinde gemacht, in der er mit anderen Christen zusammen Schritte gehen und lernen konnte, was es bedeutet, jesusmäßig im Alltag zu leben. Er begann auch, für seine beiden älteren Brüder zu beten. Sie hatten seit Jahren keine Beziehung mehr zueinander und der eine Bruder hatte sich gerade erst von seiner Frau getrennt.

Drei Monate später passiert das Wunder: Einer der Brüder bekehrt sich, kommt wieder mit seiner Frau zusammen und versöhnt sich mit seinem Bruder. Eine Familie, die zerrissen war, wird wieder heil. Einige Zeit später lernt Klaus seine jetzige Frau kennen, eine liebevolle Frau mit einem guten Herzen und dem Verlangen, Jesus leidenschaftlich nachzufolgen.

Zurück in der Dorfkirche: Die Gemeinde setzt sich und wir beginnen, ein altes Kirchenlied zu singen, das mir meine Oma als Kind einmal beigebracht hat:

»Befiehl du deine Wege
und was dein Herze kränkt,
der allertreusten Pflege,
des, der den Himmel lenkt!
Der Wolken, Luft und Winden,
gibt Wege, Lauf und Bahn,
der wird auch Wege finden,
da dein Fuß gehen kann.«

Für Klaus wurde dieses Lied Realität. Er erlebte, wie er von einem Zustand des Getriebenseins und der permanenten Suche nach einem Zuhause zu einer neuen Heimat fand. Erneuerung im Licht Gottes!

Das also bedeutet, dass ...

- Gott Erneuerung schafft, wo Menschen sich für eine Beziehung zu ihm öffnen und sich verändern lassen.
- er mit seiner Gegenwart alle Bereiche unseres Lebens durchfluten und uns zum Leben führen will.
- auch die Menschen um uns herum von ihm berührt und verändert werden, wenn wir ihm in unserem Leben Raum lassen.

VERSCHENKEN JA, ABER WOHIN?

Der Auftrag Jesu ist der Auftrag der Kirche

▸ Gottes gute Absicht: Liebe, und nicht Gericht.
▸ Die Gute Nachricht bedeutet ewiges Leben. Jedoch beginnt dieses ewige Leben bereits hier und heute.
▸ Du kannst nicht über die Gute Nachricht reden und gleichzeitig eine schlechte Nachricht leben.

Die Kirche Jesu überwindet Furcht und verlässt die Komfortzone

▸ Furcht und Abgrenzung weichen, wenn Liebe und Barmherzigkeit wachsen.
▸ Vor dem Eingang unserer Gruppen steht ein Schild: »Komm nicht rein, solange du nicht so denkst wie wir.«
▸ Jesusnachfolger sind keine hoffnungslosen Optimisten, sondern hoffnungsfrohe Realisten.

Die Kirche Jesu mischt sich ein und verändert die Welt

▸ Die persönliche Entscheidung für Jesus markiert den Beginn der Reise zur Jüngerschaft und nicht das Ende einer christlichen Sozialisation.

7. Anstiftungen
für ein wertvolles Leben

Gott hat uns keine ruhige Reise verheißen,

aber sehr wohl eine sichere Ankunft.

Unbekannt

Um was geht es
in diesem Kapitel?

› Lebe deinen Traum!

› Zehn Schritte in den Spuren des Auferstandenen

  1. Suche die persönliche Gottesbegegnung.

  2. Verlasse den Zuschauersessel.

  3. Weiche dem Schmerz nicht aus.

  4. Sei offen für das Reden Gottes.

  5. Bitte Gott um die Gnade der Tränen.

  6. Tue mit Entschlossenheit das »Eine«.

  7. Führe leidenschaftlich und fokussiert.

  8. Halte Ruhe und Ordnung ein.

  9. Bleib dran – gib nicht auf!

10. Fürchte Gott mehr als Menschen.

LEBE DEINEN TRAUM!

Die »Vielfalt der Möglichkeiten« endet oftmals in Lethargie, Passivität und plattem Konsum.

Jeder Mensch hat das Bedürfnis, ein bedeutungsvolles Leben zu führen. Dieses Bedürfnis kann wach sein oder verschüttet – verletzt oder befriedigt. Auf jeden Fall ist es da. Der Psalmist erinnert uns im 139. Psalm, dass Gott gute Gedanken für unser Leben hat. Es ist ein Angebot und eine Aufgabe, diese Gedanken zu verstehen, sie zu bejahen und sie zu verwirklichen. In der westlichen Welt leben wir mit dem größten Einkommen, der meisten Freizeit – doch gleichzeitig mit den sinnentleertesten Lebensentwürfen.

Die Herausforderung für uns liegt heute – Gott sei Dank! – nicht in Kriegen, Naturkatastrophen oder Seuchen, sondern in der Vielfalt der Möglichkeiten, an deren Ende oftmals Lethargie, Passivität und platter Konsum stehen. Jesus ist gekommen, damit wir das Leben in Fülle (vgl. Johannes 10,10) besitzen. Wenn wir diesen Vers mit westlichen Augen betrachten, denken wir dabei an die Erfüllung all unserer Bedürfnisse. Und der Bedürfnisse, die wir heute noch nicht haben, die aber die Marketingindustrie noch schaffen wird.

Eines Tages werden wir morgens aufwachen und entdecken, dass wir eine Familie sind!
Bischof Desmond Tutu

Erfülltes Leben bedeutet, in Einklang mit dem zu leben, wozu Gott uns geschaffen hat. Er möchte, dass wir in Gemeinschaft leben und mit dieser Welt gut umgehen. Bischof Desmond Tutu bringt es hervorragend auf den Punkt, wenn er sagt: »Eines Tages werden wir morgens aufwachen und entdecken, dass wir (die Menschheit) eine Familie sind!«

- Es ist an der Zeit, das Unmögliche zu träumen und das Mögliche dazuzutun.
- Es ist an der Zeit, die Götter unserer Zeit wie Konsum, Materialismus und Selbstbezogenheit zu demaskieren, indem wir die Werke, die Wunder und die Worte Jesu ausbreiten.
- Es ist an der Zeit, aufzustehen und uns als Licht und Salz in unsere Welt zu verschenken.

Was das konkret für dich bedeutet? Das wirst nur du selbst herausfinden können. Die nachstehenden zehn Schritte haben uns selbst auf unserer Entdeckungsreise geholfen.

ZEHN SCHRITTE
IN DEN SPUREN DES AUFERSTANDENEN

Nachfolge Jesu ist eine Reise – persönlich und in Gemeinschaft. Nimm diese Schritte als mögliche Wegführungen, um deine Reise zu gestalten. Sie sind kein Fahrplan, wollen dir jedoch eine Landkarte sein.

1. Suche die persönliche Gottesbegegnung.

Alles beginnt hier: Jesus am Jordan, der Vater stellt sich zu ihm. Saulus auf dem Weg nach Damaskus, Gott greift in sein Leben ein. Dein Weg entscheidet sich nicht im Elfenbeinturm. »Nicht ihr habt mich erwählt, sondern ich habe euch erwählt«, sagt Jesus (vgl. Johannes 15,16). Du kannst deine Berufung nicht von anderen ausleihen oder erben, sondern nur von Gott empfangen. Wenn wir ihm begegnen, tritt alles andere in den Hintergrund. Die letzte Autorität begegnet dir. Du weißt dann auch in schweren Zeiten: Ich bin nicht alleine auf diese Idee gekommen. Ich bin in seinem Namen unterwegs.

> **Du kannst deine Berufung nicht von anderen ausleihen oder erben, sondern nur von Gott empfangen.**

- Was war die Frucht oder das Resultat aus den Gotteserfahrungen der Menschen in der Bibel?
- Wo und wie hat Gott bereits in dein Leben gesprochen?
- Welchen Zugang hast du zu Gott? Was hilft dir, ihm zu begegnen?

2. Verlasse den Zuschauersessel.

Beginne! Heute und jetzt. Mache kleine Schritte, aber mache Schritte. Sei dir deiner Furcht bewusst – entscheide dich, ob du der Furcht oder der Liebe Raum in deinem Leben geben willst. Jesus beteiligt dich an der größten Rettungsaktion der Menschheit. Deine Gaben, deine Erfahrung, deine Kraft, dein Geld und deine Zeit sind gefragt. Lass dich berühren von der Not einer sterbenden Welt und übernimm Verantwortung – tu dich mit anderen zusammen und schmiede große Pläne!

> **Jesus beteiligt dich an der größten Rettungsaktion der Menschheit.**

- Was hält mich davon ab, den Zuschauersessel zu verlassen?
- Was kannst du gewinnen, wenn du die Seiten wechselst vom Zuschauer zum Mitspieler?
- Wo kannst du dich mit anderen zusammentun?

3. Weiche dem Schmerz nicht aus.

Rechne damit: Innovation wird Widerstand hervorrufen.

Veränderung bedeutet, neue Wege zu gehen. Du wirst Fehler machen, Rückschläge einstecken müssen, Enttäuschungen ausgesetzt sein und Menschen werden dich missverstehen. Innovation wird Widerstand hervorrufen. Rechne damit. Besonders wir Männer sind wehleidig. Glückwunsch an die Leserinnen. Die Schöpfung hat euch mit einer höheren Schmerztoleranz ausgestattet. Also rechne mit Problemen und lerne, gut mit ihnen umzugehen. Wenn der Schmerz da ist – entscheide, was du betrachtest. Wenn Paulus sagt, dass wir im Anschauen des Bildes Jesu umgestaltet werden in sein Bild (vgl. 2. Korinther 3,18), ist das kein tumbes positives Denken, sondern eine tiefe Gewissheit: »Ich weiß, dass mein Erlöser lebt!«

- Welche Wege kennst du, um mit Rückschlägen umzugehen?
- Warum ist dein Leben es wert, dass du keine falschen Abkürzungen nimmst und nicht ausweichst?
- Was kannst du von anderen Menschen lernen?

4. Sei offen für das Reden Gottes.

Die Frage ist nicht, ob Gott auf Sendung ist, sondern ob wir auf seiner Frequenz hören.

Gott kommuniziert mit seiner Schöpfung – ständig! Ein Gedanke von Dallas Willard, der mein Denken zutiefst veränderte, ist: Gott sucht Kommunikation mit dir – lerne auf seine Stimme zu achten. Das kann ganz unterschiedlich aussehen – Bilder, eine innere Stimme, Empfindungen, Gedanken, Sätze, Wortbilder, oder, oder, oder ... Rechne mit seinem Reden – zu jeder Zeit! Es gibt keine heiligen Momente, sondern jeder Moment kann ein heiliger sein, wenn Gott dich anspricht und du reagierst. Er ist in Aktion – auch in deinem Leben. Achte darauf und übe dich in der Wahrnehmung. Die Frage ist nicht, ob Gott auf Sendung ist, sondern ob wir auf

seiner Frequenz hören. Setze dich nicht unter Erwartungs-
druck. Gute Freunde sitzen auch mal lange zusammen, ohne
ein Wort zu sprechen. Lerne, seine Gegenwart zu genießen.

- Welche Formen und Wege helfen dir, Gott zu hören?
- Wie kannst du ganz praktisch im Alltag auf Gott hören?
- Was kannst du tun, um dir das Gehörte zu merken
  und dann auch umzusetzen?

5. Bitte Gott um die Gnade der Tränen.

Jesus weinte über Jerusalem, als er die verlorenen Menschen sah. Gottes Absichten zu erkennen, übersteigt unseren Verstand. Berührt zu werden mit dem, was Gottes Herz
berührt, ist eine kostbare Erfahrung. Wir können das nicht
erzwingen, aber darum bitten. Es wird unsere Perspektive
für immer verändern. Unsere Selbstbezogenheit schwindet und Gottes Sicht auf die Dinge gewinnt die Oberhand.
Das bringt gleichzeitig Demut und Zuversicht hervor. Man
könnte auch sagen: Mut. Wenn du einmal über deinen Ort,
deine Region, deine Nachbarn geweint hast – genährt aus
Gottes Barmherzigkeit –, dann wirst du anders mit ihnen
umgehen.

> Unsere Selbstbezogenheit schwindet und Gottes Sicht auf die Dinge gewinnt die Oberhand.

- Welche Gedanken und Gefühle löst dieser Punkt bei
  dir aus? Halte sie schriftlich fest.
- Was sind wohl Gottes Gefühle für die Menschen in
  deiner Nachbarschaft oder in deiner Stadt?

6. Tu mit Entschlossenheit das »Eine«.

Finde heraus, was dein Beitrag zu dieser Welt ist und bringe
ihn ungeteilt ein. Das klingt gut, ist es auch. Jedoch bedeutet
dies Begrenzung. Eine der großen falschen Versprechungen
unserer Zeit ist die der völligen Handlungsfreiheit. Wir können doch alles tun, was wir wollen. Uns stehen alle Optionen
offen, und so leben wir mit dem Fluch und der Furcht des
Gedankens, wenn wir das eine tun, das andere zu verpassen.
Wir halten uns alle Türen offen, um dann doch nicht vom
Fleck zu kommen.

> Wir halten uns alle Türen offen, um dann doch nicht vom Fleck zu kommen.

Triff beherzt nach bestem Wissen und Gewissen Entscheidungen und handle entsprechend. Konzentration bündelt alle Kraft. Es ist beeindruckend, wie es Musiker oder Leistungssportler verstehen, alle Energie und Aufmerksamkeit ungeteilt einer Sache zu widmen. Die Ergebnisse sprechen für sich. Oder wie es die Amerikaner zu sagen pflegen: »You cannot chase two rabbits!« (Du kannst nicht zwei Hasen jagen!).

- Welche Gaben und Stärken hast du, mit denen du deinen Beitrag leisten kannst?
- Was hast du in deinem Leben bereits als richtig erkannt und solltest es umsetzen?

7. Führe leidenschaftlich und fokussiert.

Energie verpufft, wenn sie sich verzettelt.

Jeder Mensch führt. Zumindest sich selbst. Alles andere ist dann eine Frage des Einflussbereiches. Trage Sorge, dass deine Leidenschaft genährt wird. Sie ist deine Quelle für alles Handeln; die innere Freude an der Sache; die persönliche Erfüllung, die es bringt, sich in Menschen zu investieren; die Faszination an der Person Jesu. Leidenschaft bringt Energie und Bewegung hervor. Energie verpufft, wenn sie sich verzettelt. Nur ein klarer Fokus richtet diese Kraft in die richtige Richtung. Fokus gewinnst du durch Übersicht, Reflexion und Gebet. Auch braucht es Kraft, sich zu konzentrieren.

- Was füllt deine emotionalen Tanks?
- Was motiviert dich von innen heraus?
- Welche Bereiche oder Aufgaben solltest du abgeben oder neu beginnen, damit mehr Konzentration in dein Leben kommt?

8. Halte Ruhe und Ordnung ein.

»Das Härteste am Trainig ist das Aushalten der verordneten Pausentage.«
André Agassi

Das Leben ist ein Marathon und kein Sprint. Wenn du unter dreißig bist, wirst du dich mit dem Gedanken schwertun. Ein Sprint macht Spaß. Man genießt die Geschwindigkeit des Lebens. In der Lebensmitte wirst du jedoch konfrontiert mit deinen körperlichen, emotionalen und geistlichen Grenzen. Es gilt, das rechte Maß zu finden und innerhalb gewisser

Grenzen Gottes Willen zu realisieren. Sabbatruhe ist hier ganz zentral. Denn: Alles hat seine Zeit – das Arbeiten und das Ruhen. Es erfordert Disziplin, sich Pausen, Stille und Reflexion zu verordnen. Oder wie es der Tennisprofi André Agassi einmal formulierte: »Das Härteste am Training ist das Aushalten der verordneten Pausentage.«

- Wie gehst du mit deinem Körper um? Wie sind deine Schlaf-, Ess-, und Bewegungsgewohnheiten?
- Welche Pausen setzt du dir tagsüber, während der Woche und des Jahres?
- Pflegst du »zweckfreie« Freundschaften und Hobbys, die dir guttun?

9. Bleib dran – gib nicht auf!

Manchmal ertappe ich mich bei dem Gedanken: »Was wäre wohl gewesen, wenn Jesus in Gethsemane eine andere Entscheidung getroffen hätte?« Er ist auf seinen Knien. Er ringt mit dem Vater und sagt: »Vater, wenn es geht, so lass doch diesen Kelch an mir vorübergehen.« Doch darauf folgt sofort: »Aber nicht wie ich will, sondern wie du willst, soll es geschehen.«

Jesus lässt nicht ab von seinem Auftrag. Vielleicht war er nahe dran, aber er wendet sich dem Vater zu und vertraut sein Leben seinen Händen an. Dies hat ewige Konsequenzen für die ganze Menschheit. Wenn du etwas als richtig erkannt hast, dann lass nicht davon ab, wenn es schwierig wird. Wende dich deinem Vater im Himmel zu und anschließend wieder der Aufgabe, die dir anvertraut ist. Menschen in Verantwortung sind manchmal an einsamen Orten. Sie tragen Lasten, die sonst niemand sieht. Der Vater aber sieht dich.

> Wenn du etwas als richtig erkannt hast, dann lass nicht davon ab, wenn es schwierig wird.

- In welchen Situationen wünschst du dir mehr Durchhaltevermögen?
- Was kannst du persönlich aus der Gethsemane-Geschichte lernen?
- Wie sehen die Versuchungen für eine Gruppe oder Gemeinde aus, nicht »dranzubleiben«, sondern sich ablenken zu lassen?

10. Fürchte Gott mehr als Menschen.

Eine Bewegung ist unaufhaltbar, wenn sie von Menschen getragen wird, die nichts zu verlieren haben.

Eine Bewegung ist unaufhaltbar, wenn sie von Menschen getragen wird, die nichts zu verlieren haben. Sie ist stärker als jede Armee der Welt, wenn freie Menschen das ausleben, was sie als richtig erkannt haben. Das gilt leider für schlechte Motive wie auch für gute. Unser Rückhalt ist Gottes ungeteiltes Ja zu unserem Leben; unsere Leidenschaft gilt den Menschen und seiner Schöpfung. Menschenfurcht ist menschlich. Die Frage ist nicht, wie wir diese Furcht mindern, sondern wie wir den Hunger und die Sehnsucht nach Gottes Gegenwart und seinen Möglichkeiten nähren. Wenn die Sehnsucht nach seinen Worten, Werken und Wundern größer wird als die Furcht, zu versagen und den Ruf zu verlieren, dann ist unser Leben einem Thema gewidmet: »Dein Reich komme, wie im Himmel so auf Erden!«

- Vor was hast du Angst?
- Wie kannst du deine Sehnsucht nach Gott nähren?

WAS WIR DIR WÜNSCHEN ...

Wir sind dankbar, dass du uns bis hierher gefolgt bist. Für uns war es eine besondere Aufgabe, unsere Gedanken, Empfindungen und Einsichten in diesem Buch niederzulegen in der Hoffnung, dass dir die eine oder andere Idee hilft, deinen Weg mit Jesus zu beschreiten. Es bleibt das letzte Abenteuer unserer Zeit, Jesus nachzufolgen. Wir wünschen dir dafür Menschen an deiner Seite, mit denen du die Hoffnung auf sein kommendes Reich teilen kannst, und seine gute Führung bei allem, was du tust und lässt.

Werkzeug deines Friedens

O Herr,
mach mich zum Werkzeug deines Friedens,
dass ich Liebe übe, wo man sich hasst,
dass ich verzeihe, wo man sich beleidigt,
dass ich verbinde, da, wo Streit ist,
dass ich die Wahrheit sage, wo der Irrtum herrscht,
dass ich Glauben bringe, wo der Zweifel drückt,
dass ich die Hoffnung wecke, wo Verzweiflung quält,
dass ich ein Licht anzünde, wo die Finsternis regiert,
dass ich Freude mache, wo der Kummer wohnt.
Herr, lass mich trachten:
nicht nur, dass ich getröstet werde, sondern dass ich tröste;
nicht nur, dass ich verstanden werde, sondern dass ich verstehe;
nicht nur, dass ich geliebt werde, sondern dass ich liebe.
Denn wer da hingibt, der empfängt;
wer sich selbst vergisst, der findet;
wer verzeiht, dem wird verziehen;
und wer stirbt, erwacht zum ewigen Leben.

Franziskus von Assisi

vïneyard dach

Vineyard D.A.CH. ist eine Familie von Gemeinden, Gemeinschaften und Gruppen in Deutschland, Österreich und der Schweiz, die aus einer klaren Perspektive vom Reich Gottes Christusnachfolge in nachvollziehbarer und ermutigender Weise lebt.

Die Vineyard schätzt die Stärken der Landes- und Freikirchen unserer Länder und sucht Wege, diese in Verbindung zu bringen. So haben Vineyards vor Ort unterschiedliche Prägungen, sei es eher freikirchlich, evangelisch oder katholisch.

Sie versteht sich als Laienbewegung und pflegt ein Kirchenverständnis sowie einen Umgang mit Kirchen und Gemeinschaften, das einer einschließenden, ökumenischen Grundhaltung entspricht.

Charakteristisch für die Vineyard ist das praktische Ausleben von Reich Gottes im Alltag, das Pflegen einer innigen Liebesbeziehung zu dem dreieinigen Gott, das Begleiten von Menschen zu einem jesusmäßigen Lebensstil und der Blick für Arme und Entrechtete.

www.vineyard-dach.net

vineyard ⊜ empowerment

vision

Wir entwickeln in der Praxis Werkzeuge und leiten zu erfahrungs- und zielorientiertem Lernen an. Wir leben und fördern ein interkulturelles Netzwerk von dienenden Beratern und schaffen dadurch Zugang zu Erfahrung und Wissen. Wir unterstützen Leiter in ziel- und werteorientierter Führung und messen die Wirksamkeit an der Umsetzung im Leben.

www.vineyardempowerment.com

vineyard Ⓥ music®

Vineyard Music ist der Inbegriff der Anbetungsmusik. Viele der Lieder sind inzwischen beinahe so etwas wie Allgemeingut geworden und werden in Kirchen, Gemeinschaften und Gemeinden in aller Welt gesungen.

Der reiche Schatz an Liedern hat zahllose Menschen in ihrem Glauben entscheidend geprägt und Anbetungsleiter inspiriert, selbst Lieder zu schreiben. Neben unzähligen Liedern »aus der Gemeinde für die Gemeinde« ist in der Vineyard eine Fülle an Ressourcen und Hilfsmitteln entstanden, um Anbetungsleiter in ihrem Dienst zu unterstützen.

www..vineyardmusic.de
www.vineyard-dach.net

equipped
DAS VINEYARD MAGAZIN

DAS VINEYARD MAGAZIN

»Equipped« ist das Sprachrohr der Vineyard-Bewegung in Deutschland, Österreich und der Schweiz. Wir wollen damit Menschen im deutschsprachigen Raum zum praktischen Ausleben ihres Glaubens ermutigen.

Es ist das Ziel des Magazins, die verbindenden Werte zu kommunizieren und mit Erlebnisberichten Einblicke in das Geschehen der Vineyard-Familie zu geben. Vielfältige Artikel, persönliche Erlebnisse, praxisbezogene Inputs und hilfreiche Tipps vermitteln dabei wertvolle Anstöße für den Alltag.

Gerne lassen wir Ihnen eine kostenlose Probenummer zukommen. Diese und weitere Infos können Sie unter folgender Adresse anfordern:

www.vineyardempowerment.com oder
info@vineyardempowerment.com

Träumen Sie auch von christlichen Gemeinschaften mit Menschen, die wirklich als Jünger von Jesus Christus leben? Menschen, die nicht nur Gottesdienste besuchen? Menschen, die sich gegenseitig unterstützen und mit Freude Jesus fern stehenden Menschen von ihrem Erleben mit Gott erzählen? Menschen, die verbindlich in der christlichen Gemeinschaft mitleben und die Vision und den Auftrag ihrer Gemeinde mittragen?

jesusmässig! ist ein inhaltlicher Ansatz zur Entwicklung von glaubwürdigem Christsein im Alltag.

Für eine mehrwöchige Gemeindeaktion steht umfangreiches Material zur Verfügung:

* Impulsbuch für Erwachsene
* Andachtsheft für Schulkinder
* Check-Up
* Kleingruppenheft
* Wertekompass
* 1 CD-ROM mit Material für die 14 Gottesdienste incl. Kindergottesdienste

Jesysmässig!
Wellness für gesundes Christsein

www. vineyard-dach.net

vineyard e empowerment